上海市语言文字水平测试中心课题-"口语测试理论与国内外主要口语测试种类简介"。

汉语语言学
研究丛书

毛忠明等 编著

口语测试
理论与实践

口语测试理论及国内外主要口语
测试种类简介

KouYu CeShi LiLun Yu ShiJian

中国书籍出版社
China Book Press

图书在版编目(CIP)数据

口语测试:理论与实践:口语测试理论及国内外主要口语测试种类简介/毛忠明等编著. —北京:中国书籍出版社,2012.9

ISBN 978 - 7 - 5068 - 3193 - 2

Ⅰ.①口… Ⅱ.①毛… Ⅲ.①口语—测试—研究 Ⅳ.①H09

中国版本图书馆 CIP 数据核字(2012)第 217289 号

责任编辑/ 许艳辉
责任印制/ 孙马飞   张智勇
封面设计/ 中联华文
出版发行/ 中国书籍出版社
        地   址:北京市丰台区三路居路 97 号(邮编:100073)
        电   话:(010)52257143(总编室)   (010)52257153(发行部)
        电子邮箱:chinabp@ vip. sina. com
经   销/ 全国新华书店
印   刷/ 北京彩虹伟业印刷有限公司
开   本/ 710 毫米 ×1000 毫米   1/16
印   张/ 12.5
字   数/ 225 千字
版   次/ 2015 年 9 月第 1 版第 2 次印刷
书   号/ ISBN 978 - 7 - 5068 - 3193 - 2
定   价/ 68.00 元

0 序言

　　本书是上海市语言文字工作委员会立项资助，上海市语言文字水平测试中心科研规划重点项目——"语言文字水平测试研究课题"的一项成果。2011 年初，为适应越来越多外籍人士来沪求学、工作、经商、旅游、居住的需要，上海市语委立项设立了"实用汉语能力测试"研究课题，旨在为外籍在沪人士构建一个学习汉语、检测汉语水平的公共服务平台。本书几位作者承担了该课题的子课题项目——"口语测试理论及国内外主要口语测试种类简介"，负责梳理语言测试理论的发展脉络，研究口语考试的设计、施测、评估的原则和要点，评析国内外几种主要的口语考试项目，为该课题的教材编写及测试的设计和实施提供理论支撑和可资借鉴的案例分析。

　　在上海市语委领导和上海市语测中心同仁的指导下，课题组成员不懈努力，协同合作，终于使课题研究告一段落。几个月来，课题组成员广阅博览，条分缕析，梳理了国内外学者有关语言测试的理论，尤其是学界关注较少的口语测试理论，分析了国内外几种较有影响的口语测试模式，形成了本课题报告。本课题报告分为 6 个部分：1. 语言测试理论研究综述，由张锡九、黄友执笔；2. 语言测试的类型、内容和方法，由黄自然、张锡九执笔；3. 作为第二语言的口语测试，由黄自然执笔；4. 国外主要语言测试中的口语考试，由杨昱华、黄友、刘凯红、黄蓓、常志斌执笔；5. 国内主要语言测试中的口语考试，由黄自然执笔；6. 关于汉语口语考试设计、测试、评估的建议，由课题组成员共同承担。毛忠明负责本课题的总体设计及本书的统稿。由于时间仓促，资料有限，本课题研究疏漏在所难免，敬请读者谅解和斧正。希冀本课题的研究及本书的出版能为改进和提高"汉语口语水平考试"，或为同类型的标准化口语考试的设计和施测提供有益的借鉴。

毛忠明

2012.07.08

于上海大学

目 录
CONTENTS

1 语言测试理论研究综述

语言测试是一门跨学科的综合性科学，其理论涉及语言学（理论语言学、应用语言学、心理语言学和社会语言学）、教育学、数理统计学、心理测量学和计算机科学等学科领域。口语能力是语言交际能力的重要方面，口语测试是语言交际能力测试的重要手段，是语言测试的一个重要组成部分，受到各国语言测试专家和学者越来越多的重视。目前，国外影响力较大的英语测试项目，如雅思（IELTS）、托福（TOE-FL）、剑桥商务英语证书考试（BEC）等都有口语测试。新托福考试也通过互联网考试方法全面测试考生包括口语在内的英语应用能力。近年来，我国口语测试也出现日益繁荣的景象：大学英语口试（CET）、英语专业四级和八级（TEM）口语考试，公共英语等级考试（PETS）中的口语部分，研究生入学考试中的英语口试面试，还有近几年刚刚兴起的高考和中考中的英语口试部分等等（徐海铭，2006）。因此对口语的测试研究成了第二语言教学的一大重要课题。

在汉语教学中，与听力、阅读和语法水平的单项考试相比，汉语口语水平的单项考试起步较晚，以前仅仅局限在 HSK（高等）考试中。近两年来，面向初、中等的口语考试刚刚在新 HSK 考试中试行。专项的汉语口语水平测试（HKC）虽已推出，但还在研发和试验阶段，尚未推广开来。至于汉语口语成绩测试，虽然已经进行多年，但也还有不少迫切需要解决的理论问题和实际问题。而在汉语口语的学能测试方面，迄今几乎是空白。综观我国对外汉语教学界历年来发表的专著和论文，其内容涉及语言测试的不多，探讨口语测试及其具体做法的更为少见。

如何进行大型的对外汉语口语水平测试？如何才能做到统一化和科学化？如何才能有效地测试出学生真正的口语水平及其运用汉语完成交际的能力？如何提高测试的科学性？这些问题也是国内外学者在当前研究第二语言口语水平测试时遇到的重点和难点问题。为使对外汉语口语测试更加科学可靠、更加正确可信、更加客观公平、更具操作性，我们应该深入了解语言测试理论的基础及其发展过程，口语测试的题型、施测方法及评分方法，以及口语测试的信度、效度与反拨作用等各个方面。

1.1　语言学的发展阶段及相应的语言测试模式

语言测试体系随着语言教学和对语言能力研究的发展而发展。一般认为，语言测试经历了四个发展阶段：前科学时期、心理测量—结构主义语言学时期、心理语言学—社会语言学时期和交际语言测试时期。这四个阶段分别对应四种语言测试模式，即前科学测试模式、心理测量—结构主义模式、心理语言学—社会语言学模式和交际语言测试模式。（熊明丽，2004）

1.1.1　科学前语言测试模式

科学前时期指 19 世纪 40 年代至 20 世纪 40 年代这一漫长的时期。在这一时期，语法翻译法在外语教学中占主导地位。与此相适应的第一代测试模式，称为科学前语言测试模式（The pre-scientific language testing），即所谓的传统测试法。其主要特点：重视语法规则、词形变化和词语的用法，通常测试语法、词汇、阅读和翻译。重视书面语，一般只有笔试，没有听力和口试。常见的题型有填空、语法分析、句子改写、翻译、书面问答、缩写以及命题作文等。这些题型对语言能力的测试大多是间接的、不完全的。不能直接地、完全地反映语言交际活动和输出性的语言能力。传统测试法受机械语言学的影响，苛求语言形式的准确，注重语言知识，但忽视了语言应用，也忽视了口语测试。总之，传统测试法缺乏明确的指导思想和科学的分析方法，处于教师自发、分散、随意的组织状态中，忽视对测试成绩的分析与评估，测试的效度和信度都不理想。因此这一时期在测试学上被人称为科学前时期。（刘润清，1991）

1.1.2　心理测量—结构主义语言测试模式

心理测量—结构主义语言学时期（psychometric - structuralist era）始于 20 世纪 40 年代，迅速发展于五六十年代，至 70 年代达到鼎盛时期。与之相适应的语言测试模式称为心理测量—结构主义测试模式。它以结构主义的语言观和行为主义的语言学习观为理论基础，又吸收了心理测量学的科学方法，形成了一种科学、客观、可靠的测试体系。结构主义语言学派认为，学习语言就是学习语言成分以及掌握各语言成分之间相互关系的规则。此外，受当时行为主义心理学的影响，结构主义语言观还认为语言学习是一个机械的刺激—反应—巩固的过程。因此，重视口头语言的句型结构，在分析语言结构基础上进行大量的脱离语言环境的句型操练，成为当时外语教学的主要内容，主张听说领先，读写跟上。测试也往往采用分离式试题，间接地考查考生的语言水平，注重围绕语言这个由语音、词汇、语法构成的符号系统，逐项测试学生掌握操作这套系统的各项技能。口试以测试说的技能以及与说有关的分项技能为宗旨，强调口语形式的准确性与口语技能的熟练性。考试题型常以朗读、复述、补全对话、看图说话、口头报告、问答等形式出现，注重语音语调、语法、词汇、流利程度以及内容等五个方面。它强调测试的科学性、准确性和可靠性，多采用客观题，评分快捷、方便、客观、公正，测试信度高。但是分离式测试的效度却很有问题，因为分离意味着把语言成分分离开来，单独加以测量，但当语言成分被分离开时，语言的重要本质属性便不复存在了。（熊明丽，2004）

1.1.3　心理语言学—社会语言学测试模式

心理语言学—社会语言学时期（psycholinguistic – sociolinguistic era）始于 20 世纪 70 年代。在这一时期，语言不仅看做是一种可以分解的体系，更被看做是一种动态的具有创造性的功能体系。（杨惠中，2000）乔姆斯基（Chomsky）在 1965 年提出了语言能力（linguistic competence）和语言行为（linguistic performance）的概念。（刘润清，1991）语言测试界开始重视所谓总体综合法（global integrative approach）的研究。主张测试在一定的语境中进行，不刻意区分各单项语言成分、技能和能力，而是强调多项的综合评估。综合测试法主张通过一次测试全面地评价学生的总体语言水平，学生必须综合地运用各种语言知识和技能。因此在测试中采用比较多的是综合题，如完形填空、综合改错、听写、口试、作文等。这样的试题能多方位地检查考生的语言能力，在同一试题中考查语音、词汇、语法、语篇、拼写等多种能力。（熊明丽，2004）值得指出的是，综合测试法顾名思义是综合测试考生运用各种语言技能的能力，然而该种测试方法中的很多题型，如完形填空、改错、多项选择等，在现实生活的语境中是很少运用的。因此，综合测试法更准确地说只是相对综合地测试考生潜在的语言运用能力。

1.1.4　交际语言测试模式

交际语言测试兴起于 20 世纪 70 年代。1972 年社会语言学家海姆斯（Hymes）首次提出交际能力（communicative competence）概念。（Hymes，1972）他认为语言使用不但要能够按照语法规则产生出符合语法的句子，而且还应具有在不同语境中合理使用这些句子的能力，也就是说，语言使用涉及社会文化因素。他认为交际能力应包含四个社会文化因素：（1）可能性，即所说的话是否符合语法规则，是否在形式上可行；语言是交际工具，交际的成功不仅受到语言规则本身的制约，而且受到社会文化规则的约束。（2）可行性，即所要表达的语言行为是否能付诸实施及可实施的程度。（3）合适性，即话语在语境中是否得体及得体的程度。（4）有效性，即言语行为是否已付诸实施及已实施的程度。（文秋芳，1999）

20 世纪 80 年代卡内尔（Canale）和斯魏恩（Swain）等人补充和发展了海姆斯的交际能力概念。他们认为交际能力至少包括四个方面的知识和技能：（1）语言能力，指正确理解和表达所说的话语的字面含义所需的语言知识；（2）社会语言能力，指在不同语境中恰当理解和表达言语的能力；（3）语篇能力，指根据不同体裁，将语言形式和语言意义结合起来，组成统一的口语体或书面体篇章的能力；（4）策略能力，指在交际过程中的应变能力。（樊长荣，2004）

20 世纪 90 年代初，巴克曼（Bachman）发展了卡内尔、斯魏恩等人的研究成果，提出了新的交际语言能力理论模式。巴克曼的交际法语言测试理论对全球的语言教学和语言测试领域产生了很大影响，被认为是语言测试史上的里程碑。（刘润清，1991）他"首先认为语言习得和语言教学的研究和发展与语言测试之间存在内在的联系。两者之间互相影响、互相促进。"（陈菁，2002：51）他对语言能力的认识更为全面、更加深刻。"他还认为，学习者的语言能力应该有更广泛的涵义，除了对语言系统知识的掌握外，还必须包括对句子之外语言使用语境的掌握。语言的交际不只是简单的信息传递，而是发生在情景（situation）、语言使用者（language user）和语篇（discourse）之间的动态交互（dynamic interaction）。语言测试应包括语法、语篇、社会语言能力和策略能力在内的交际语言能力，同时它还应该以真实（authenticity）为准则，使被测者能同时处理清晰的语言信息（explicit linguistic informa-

tion）和隐含的言语意义或功能意义（implicit illocutionary or functional meaning）。"（陈菁，2002：51）他对交际语言能力进行了十分详细和严格的定义，提出了由以下三大部分组成的交际能力模式：（1）组织篇章能力（organizational competence，如词汇、词法、句法、衔接、组织等）和语用能力（pragmatic competence，如言语知识和社会语言知识）组成的语言能力（language competence）；（2）策略能力（Strategic Competence）；（3）心理—生理语言机制（psychophysiological mechanisms）。（Bachman，1990）组织篇章能力包含生成或辨认语法正确的话语能力、理解话语中主题内容的能力和把话语组织成口语的或书面的语篇的能力。语用能力包含在具体的语境中语言的表达能力和解释在语段中符合社会习惯的语用行为。它们包括语义能力、功能能力和社会语言能力。策略能力是指在具体情景下运用语言知识进行交际的心理能力（mental capacity），它是语言使用中的一个重要部分，是一种综合运用已掌握知识解决问题的能力。语言使用者的策略能力使其能将语言能力与知识结构（knowledge structure）和交际情景（context of situation）的特征联系起来，例如，当语言使用者的语言能力出现障碍时，他的策略能力会起到某种补偿作用，以保证交际的顺利进行。他认为，策略能力实际上是人们使用语言进行交际时的心理认知过程，由四组元认知策略组成。它们是评估策略（assessment strategies）、确定目标策略（goal - setting strategies）、制定策略（planning strategies）和执行计划策略（execution strategies）。不同的人在不同的时期对语言知识和元认知策略的掌握程度不一样，即使同一个人在完成某一特定测试任务时，对某些策略的使用也不一样。（Bachman，同上）巴克曼指的心理生理机制是语言交际时的一种神经和生理过程。如在接收语言的过程中使用的是视听技能，而在产生语言的过程中使用的是神经肌肉技能。"巴克曼提出交际语言测试理论的重要意义在于，把语言的使用看做一个动态的过程，重视语言在具体环境、社会文化背景下的使用，突出语言能力不仅指对语言知识的掌握，更重要的是运用所掌握的知识进行有效的交际。这就

意味着测试时要把涉及交际能力的各种因素结合成一个整体加以测试。"（陈菁，2002：51～52）

20 世纪 90 年代末，李筱菊进一步提出了新的交际行为能力模式范畴，即语言能力、语篇能力和语用能力。她把三者形象地比喻为一种化合物，而不是一种混合物。她认为，交际式语言测试与别的语言测试方法最突出的不同点在于它不是仅仅测试语言知识，而是把测试的重点放在应用语言的能力上，即要着重了解受试者用目标语进行交际的能力。她强调，外语测试不能分别测试交际能力的各个组成部分，而应当把交际能力的各个组成部分结合成一个整体来加以测试。典型的交际式语言测试的题项是要求受测者借助所学的语言来完成具体的、现实生活中存在的或极有可能存在的某一任务。（李筱菊，1997）

文秋芳在分析和比较卡内尔—斯魏恩模式、巴克曼模式和李筱菊模式的基础上提出了跨文化交际能力的模式。跨文化交际能力由交际能力和跨文化能力组成。交际能力包括语言能力、语用能力和策略能力。跨文化能力即指对文化差异的敏感性、宽容性及处理文化差异的灵活性。语言能力又可细分为语法能力和语篇能力。（文秋芳，1999）"语篇能力指将话语组成互相衔接、连贯的完整的语篇的知识以及运用这些知识的能力。语篇最重要的特点是衔接与连贯。口语交际语篇能力的一个重要标志就是要掌握一些约定俗成的会话规则，如引起注意、提起话题、发展话题、维持交谈及如何应对等。语用能力包括实施语言功能的能力，即理解和表达语言功能的能力和社会文化语言能力。也就是说，口语交际要根据交际场合和交际对象的身份，在风格、措辞、口气上作相应的调整。交际策略能力指交际者运用语言或非语言手段为克服由语言能力不足引起的交际困难的能力。"（李传芳，2003：64）

文秋芳总结交际测试的特点为功能性、真实性、交互性、情景性、得体性和综合性。（文秋芳，同上）交际语言测试与其他语言测试模式最突出的不同有以下几点：（1）强调语言交际功能这一本质。交际语言测试虽也测试语言知识，但更侧重对语言行为的测试。考生不仅要掌握好语言知识，而且还要具备正确理解各种交际情景并能在不同的语境中恰当地运用所掌握的语言知识的能力。（2）力求真实。真实性是交际语言测试中的重要因素。交际语言测试所提供的情景要尽可能地与语言运用的客观相一致，以最大限度地反映受试者的语言运用能力。测试中的任务是现实生活中实际存在的，不是虚构的。（3）强调听说读写四种技能在语篇层次上的综合运用能力。（4）交互性。受试者是"局内人"，参与交际的整个过程。（5）测试方法更注重效度而不是信度。这种测试虽难以提供客观可靠的量化数据，但测试效度很高，可以更加直接地测量考生运用语言知识的能力。（6）评估方法为标准参照。评估标准是交际的有效性，根据所制定的评分细则由考官主观地综合评判考生是否能有效、得体地使用语言完成所规定的交际任务。（熊明丽，2004）

1.2　国内外现有语言能力标准

一个标准的语言测试都应该有其相应的能力标准。语言能力标准是指导标准化语言测试的纲领性文件，标准化语言测试的目标、内容、等级划分与成绩评定都以语言能力标准为参考指南和依据。目前国内外的语言能力标准主要有欧洲的 ALTE 框架 2011、CEF2001、美国的 ILR（FIS）量表 2011、ACTFL 水平指南 2012 和"21 世纪外语学习标准"、"全美中小学中文学习目标"1999，加拿大语言等级标准（CLB）2000、澳大利亚 ISLPR 量表 1999、中国的"国际汉语能力标准"2007 和"汉语口语水平等级标准及测试大纲"（HKC2010）等，下面分而述之。

1.2.1　ALTE 框架 2011

1. 研制背景

ALTE 量表由"欧洲语言测试者协会"（The Association of Language Testers in Europe）制订。随着欧洲各国之间樊篱的打破，人员之间的往来也越来越密切。面对各国名目繁多的语言等级证书，人们亟需一种能够为欧洲各国所广泛认可的语言认证。正因为如此，"欧洲语言测试者协会"于 1990 年正式成立，着手制订这一量表，并由最初的 8 个成员国发展成如今的 34 个成员国，代表 27 种欧洲语言。（ALTE 2011）

2. 等级划分

ALTE 量表共分六级，从低到高分别为突破级（ALTE Breakthrough Level）、1 级、2 级、3 级、4 级、5 级，分别对应 CEF 的 A1，A2，B1，B2，C1，C2。

3. 描述方式

首先，ALTE 针对 A2 到 C2 五级制订了等级框架，用以描述各等级语言使用者的表现，该框架包括综合描述和分技能描述。综合描述阐述该级别的语言使用者在使用目的语时的综合表现，及其所能从事的工作和胜任的学习任务。ALTE 量表将语言技能分成产出性技能和接收性技能。产出性技能包括说和写，接收性技能包括听和读。对每项技能，ALTE 量表又将其分成社会生活和旅游、工作、学习三个不同的使用场合，进行任务的描述。

每一级的描述框架是这样的（以 B2 级为例）：

```
                    ┌─ 综合描述                              ┌─ 社会生活和旅游
                    │                                       │
                    │               ┌─ 说 ──────────────────┼─ 工作
                    ├─ 产出性技能 ───┤                       │
                    │               └─ 写（同"说"）          └─ 学习
      B2 ───────────┤
                    │               ┌─ 听（同"说"）
                    └─ 接收性技能 ───┤
                                    └─ 读（同"说"）
```

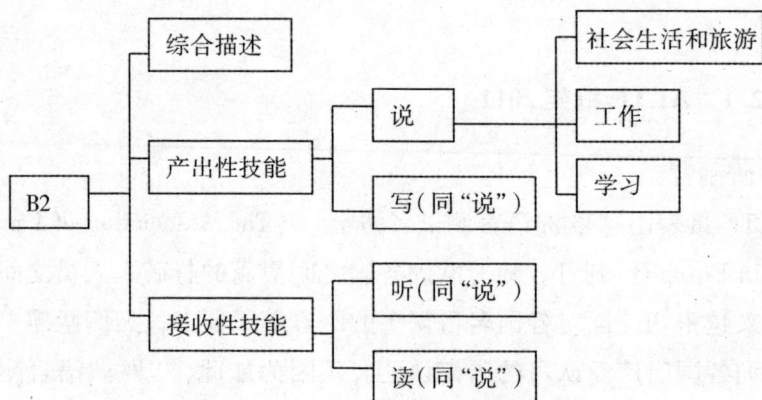

图 1   ALTE B2 级描述框架

其次，ALTE 还制订了以"能做"（Can‑do）形式描述的综合、社会生活和旅游、工作、学习四大量表。每个量表包括 A1 到 C2 六级，分述语言使用者在听/说、读、写各项技能领域的典型能力表现。

4. 描述举例

比如等级框架中对 B2 级产出性技能"说"的描述是这样的：

在社会生活和旅游场合，这一级别的使用者能处理商店、饭馆和旅馆里发生的大部分情况；比如，能要求商品退换，能对享受的服务表示满意或不满。也能处理医院、银行、邮局、机场、车站中遇到的常规情况。在社会性交谈中，他们能谈论一定范围的话题并有限地表达观点。作为旅游者，他们能就所给旅游信息发问，要求进一步解释。他们自己也能带领参观者参观，描述一个地方及回答相关问题。

在工作场合，这一级别的使用者能就熟悉的话题领域给出具体信息，陈述具体要求，能有限地参加会议。他们能理解并传递信息，但信息复杂时则会遇到困难。他们能进行简单的谈判，比如谈价格或运送条件。

在学习场合，这一级别的使用者能在讲座或发言中就熟悉或可预期的话题提问，虽然有时会遇到困难。他们能就熟悉的话题进行简短、简单的发言。他们也能参加学术会议或辅导，虽然有时会遇到困难。

再如 ALTE 的"能做"工作量表是这样的：

表1 ALTE 的"能做"工作量表

水平	听/说	读	写
C2 5级	能处理复杂、棘手、有争议的问题（如法律或财务问题），或就其向有必要专业知识的对象提出建议。	能理解工作中可能遇到的报告和文章，包括用复杂语言表达的复杂观点。	能在会议或研讨会上作完整而精确的笔记。
C1 4级	能在会议或研讨会上就自己的工作领域进行有效参与，能支持或反对一个案例。	能理解非标准语言表述的信件。	能处理广泛的日常和非常规情况，满足同事或其他联系人提出的专业性要求。
B2 3级	能理解并传递日常工作中的大部分信息。	能理解可能遇到的大部分信件、报告和事实性产品资料。	能处理对商品或服务的所有日常要求。
B1 2级	能在自己的工作领域就简单的问题向顾客提供建议。	能理解自己工作领域的非常规信件和理论性文章的大意。	能在主题熟悉和可预期的会议或研讨会上作相当精确的笔记。
A2 1级	能陈述自己工作领域的简单要求，如 " I want to order 25 of..."	如果给予充足时间，能理解自己专业领域的、可预期的大部分短报告或产品说明。	能书面向同事或其他公司的已知联系人提出短而综合的要求。
A1 突破级	能理解并传递简单的日常信息，如 " Friday meeting 10am"。	能理解简单的、可预期的、话题熟悉的短报告或商品描述。	能书面向同事提出简单的日常要求，如 "Can I have 20X please?"

1.2.2　CEF 2001

1. 研制背景

进入 21 世纪，外语教学和测试的理论与实践又有了新的发展，尤其在欧洲，自 1992 年欧盟成立后，欧洲的外语教育及发展战略发生了转折性的变革，其标志性的成果之一就是欧洲理事会（European Council）历经十个春秋于 2001 年正式面世的《欧洲语言共同参考框架：学习、教学、评估》（*Common European Framework of Reference for Languages：Learning，Teaching，Assessment*）。这是欧洲外语教育史上具有划时代意义的里程碑式的重要事件。这份文献是对几十年以来欧洲语言教学理论与实践的系统总结，体现了欧洲现代语言教学及学习的新理念，已成为当代欧洲语言政策的指导思想和理论基石，也是欧洲各国设计课程、制订外语教学大纲、编撰外语教材和设计外语能力测试题的重要指南和必备参考。

2. 等级划分

CEF 综合运用直观判断法和定性定量法，将语言的实际运用能力分成三等，六个级别。一等：初级使用者（Basic User）（A），包括入门级（A1）和初级（A2）；二等：独立使用者（Independent User）（B），包括中级（B1）和中高（B2）；三等：熟练使用者（Proficient User）（C），包括高级（C1）和精通级（C2）。

值得注意的是以上六个级别并不是各自封闭的，我们还可以根据每一等的标准在其基础上继续细分。它只是一个标准框架，是可修改、可扩展的。即可以有 A2 +、B1 +、B2 + 或者 A2.1、A2.2，A2.1.1、A2.1.2 等这样的细分等级。

3. 描述方式

CEF 以"行动为导向"（an action – oriented approach）作为整个框架的理论基础，强调通过现实的语言活动来实现交际任务。从一般到具体，CEF 设计了"测评总表"和"自我评价表"，也设计了语言能力、社会语言能力和语用能力相关量表，先提出总体的分级标准，其次提出按照语言活动分类（输入、输出、互动、中介）的分级标准，而后又设计了若干个具体交际任务的测评量表。如口语能力方面，详细制定了如下量表：

表 2 CEF 中与口语相关的能力量表

"口语能力量表" (P28~29)	"总体口头表达能力量表" (P60~61)	"连贯自述：描述个人经历"
		"连贯自述：论证（如辩论）"
		"公告"
		"对听众讲话"
	"总体口头互动交际能力量表" (P73~78)	"听懂讲本族语的人的讲话"
		"对话"
		"朋友间的非正式讨论"
		"正式的讨论和会议"
		"功能性合作（如修理汽车、组织活动）"
		"索要物品和要求提供服务"
		交流信息
		访谈

4. 描述举例

其中"口语能力量表"从广度、准确度、自如度、互动性和连贯性五个维度分三级六等分别加以描述：

表 3 CEF 的"口语能力量表"

	A1	A2	B1	B2	C1	C2
广度	拥有涉及特定具体场合的系列简单词汇和表达法。	略	略	略	略	略
准确度	能有限掌握记忆范围内的简单句法结构和语法形态。	略	略	略	略	略
自如度	能用简短、孤立，并且多数是刻板的表述应对交际，但说话经常停顿，因为需要寻找措辞、拼读不熟悉的单词和补救交流障碍。	略	略	略	略	略
互动性	能回答问题，并就个人详细情况提问。能进行简单的交流，但完全有赖于重复、慢语速、重述和纠错。	略	略	略	略	略
连贯性	能用"和"、"然后"等非常基础的连词衔接字词和词组。	略	略	略	略	略

1.2.3 ILR（FSI）量表 2011

1. 研制背景

20 世纪 50 年代，为了对政府雇员的外语水平进行统一的考核和评级，美国政府需要制订一套客观而系统的标准。FSI（Foreign Service Institute）承担起了这一职责，制定了一份六级量表，并逐渐将其发展成为听、说、读、写的分技能量表。这一量表和按其操作的测试为美国很多政府机构所接受，成为衡量其雇员外语水平的重要标尺。1985 年，ILR（Interagency Language Roundtable）主持修订了这一量表，将加级包括进来，因此被称为 ILR 量表。目前，ILR 量表已发展成为包括听、说、读、写、笔译、口译六项技能的量表体系，并于 2011 年公布了口笔转译量表和跨文化交际量表的草稿。

作为"第一个采用语言描述的办法对一个人在现实生活中的口头交际能力做出界定"的量表，ILR"开创了语言能力量表研制的先河"，"为后续语言能力量表的描述起到了典范作用"。（韩宝成，2006：444）

2. 等级划分

共有 0、0 +、1、1 +、2、2 +、3、3 +、4、4 +、5 十一个级别，其中加级表示语言能力水平超过某一级别但又未完全达到下一级别的情况。听、说、读、写四项技能的十一级分别名为 No Proficiency、Memorized Proficiency、Elementary Proficiency、Elementary Proficiency Plus、Limited Working Proficiency、Limited Working Proficiency Plus、General Professional Proficiency、General Professional Proficiency Plus、Advanced Professional Proficiency、Advanced Professional Proficiency Plus、Functionally Native Proficiency。笔译能力量表的 0 级为 No Performance，0 + 级到 1 + 级名为 Minimal Performance，2 级和 2 + 级名为 Limited Performance，3 级及以上名为 Professional Performance。口译能力量表的等级依次名为 No Performance，Memorized Performance，Minimal Performance，Minimal

Performance Plus，Limited Working Performance，Limited Working Perform-
ance Plus，Professional Performance，Professional Performance Plus，Ad-
vanced Professional Performance，Advanced Professional Performance Plus，
Master Performance。

3. 描述方式

ILR 量表现共有听、说、读、写、笔译、口译六个分量表，此外还
增加了口笔转译、跨文化交际两个分量表的草稿（目前正在网上公开
征求意见）。每个量表都分成十一级对该项技能进行说明。

在每个分量表的开头，都有一段"序言"，定义了"基础级"、"加
级"、"母语使用者"、"受良好教育"、"笔译"、"口译"等术语，说明
量表对语言能力的举例并非穷尽式的。

阅读量表的描述角度有阅读文本的类型、词汇量、阅读速度、理解
程度、阅读技巧、猜词能力、是否复读、是否误读、手写字体识别能
力、任务举例等。

口语量表的描述角度有语音语调、话题范围、词汇量、语法准确
度、语体、连贯性、交际成功度、误解度、态度、主要障碍、任务举
例等。

听力量表的描述角度有听力材料话题类型、听力材料长短、说话速
度、能听懂的对象、理解度、误听度、受母语干扰度、是否复听、是否
要求暂停、主要障碍、任务举例等。

写作量表的描述角度有话题范围、词汇、句型结构、时态、主要障
碍、被理解度、连贯度、词典使用、任务举例等。

笔译量表的描述角度有文本类型和特点、主要障碍、翻译技巧使
用、通顺度、达意度、是否需要修改、任务举例等。

口译量表的描述角度有话题范围、正式程度、是否停顿、是否简
略、风格是否统一、习语的翻译、忠实度、通顺度、达意度、语音质
量、翻译技巧使用、准备速度、任务举例等。

另外，ILR 还有用于自测的 0～5 级听、说、读量表。

4. 描述举例

下面举 ILR3 级听、说、读、写的部分描述为例。

听：能听懂以标准发音、正常清晰度和速度所作的所有演讲的主要意思，包括特殊领域的技术讨论。有足够的词汇量，仅需偶尔解释。能精确地听懂以下内容的主要意思：受教育的母语使用者之间的对话，相当清晰的电话交谈，广播，新闻报道，口头报告，一些口头技术报告和非技术领域的公开演讲。能没有困难地理解特殊专业领域的所有形式的标准演讲。如果母语使用者语速很快，或使用俚语方言，则不能理解。常能听出情感色彩。能理解言外之意。

说：掌握足够语言结构和词汇量，能参加大部分现实社会生活和职业领域的正式和非正式交谈。话语连贯。语言使用可接受，但有一些显著缺陷；然而这些缺陷并不妨碍理解和困扰母语使用者。能有效融合结构和词汇以精确达意。乐意表达，停顿恰当。和使用标准语音、正常语速的本族语者面对面交谈时，能很好地理解对方。虽然可能不能完全理解文化典故、谚语习语和细微含义差别，但能轻松弥补，完成交谈。语音可能有明显外国痕迹，重音、语调、音高可能错误。例如：能在日常工作中使用目的语回应异议，阐明论点，辩护决定，陈述政策，主持会议，传递简要信息等。

读：能用正常速度阅读并基本理解各种非熟悉主题的书面材料。阅读能力不依赖于话题熟悉程度，但如无解释，则不能完全理解与文化知识高度相关的内容或超出其经验的内容。文本类型有新闻报道、日常通信、报告、专业领域的技术资料。偶有误读。基本能正确解读材料，能读出字里行间的含义。偶有停顿和重读。在阅读非常复杂的结构和少见的习语时有困难。

写：能有效运用目的语进行现实社会生活和职业领域的正式和非正式的书面交流。对结构、拼写和词汇有足够的控制能力以精确表意，但风格仍不够地道。错误不影响理解，对母语使用者不构成困扰。基本语法结构方面偶有错误，常见复杂结构有时有错误，非常见复杂结构常有错误。对复杂的句子有所掌握。

1.2.4 ACTFL 水平指南 2012

1. 研制背景

20世纪80年代，ACTFL（The American Council on the Teaching of Foreign Languages）在ILR量表的基础上制定并出版了用于教育的语言水平指南，并根据这一指南推行了标准化考试。ILR量表主要运用于工作场合，而ACTFL指南主要运用于学习教育，两者是互补关系。ACTFL指南最初出版于1986年，1999年和2001年修订，目前最新的版本是2012版。

2. 等级划分

ACTFL水平指南描述使用者在听、说、读、写四方面用语言在实际生活中能做什么，是评价功能性语言能力的工具。每项技能分5级，分别为Distinguished，Superior，Advanced，Intermediate和Novice；其中Advanced，Intermediate和Novice三级又各分为高（High）、中（Mid）、低（Low）三个次级别，总共11级。

3. 描述方式

ACTFL水平指南描述了语言使用者在各级能完成的任务，以及任务内容、语境、准确度、话语/文本类型、典型限制，听和读的指南还描述了听者/读者是如何理解所听/读到的内容的。和ILR量表一样，ACTFL也是以"能做"形式来描述使用者的语言能力的，各等级均描述了一系列语言能力，且涵盖其下各级能力。"与ILR（FSI）量表相比，ACTFL量表有明显进步，尤其是对中低水平的区分更为细致，对更高水平的描述并非简单地以母语者的水平为标准。"（韩宝成，2006：445）

ACTFL水平指南在听、说、读、写四项技能的水平描述前各有一篇序言，接着便依次描述了各级能力。Advanced，Intermediate和Novice

三级则各有总的描述和三个次级别的分别描述。

4. 描述举例

Advanced 级别的听力描述有：

高级水平的听者能理解各种一般性话题的大意和大部分细节，如新闻故事、解释、指令、趣闻轶事、旅行日志。能运用实际生活中的知识和上下文线索弥补语言词汇和结构知识的不足。能从话题或背景相当熟悉的更高级别材料中获取一些信息。

高级水平的听者能理解词汇和结构不甚复杂的会话。此会话是简单易懂，结构清晰而可预测的。

高级水平的听者能听懂一系列一般性话题的谈话，但大多限于理解具体而常见的内容。

1. 2. 5 "21世纪外语学习标准"及"全美中小学中文学习目标" 1999

1. 研制背景

《21世纪外语学习标准》（Standards for Foreign Language Learning in the 21st Century）（以下简称《标准》）是由美国教育部门以及多个外语教学协会共同研制的国家外语课程标准，于1996年出版，1999年经修订补充再版，并增加了好几种语言的学习目标。《标准》包含从幼儿园到高中阶段外语学习的总体目标和基本内容及等级标准。全美中文教师协会（CLTA）和全美中小学中文教师协会（CLASS）参与编制的《全美中小学中文学习目标》为《标准》的一个组成部分。（罗青松，2006）

2. 描述方式及举例

《21世纪外语学习标准》提出外语学习的目标是5个"C"，即Communication 交际、Culture 文化、Connections 贯连、Comparisons 比较、Communities 社区，其中 Communication 交际是核心。《全美中小学中文学习目标》针对中文教学，对"5C标准"进行了阐释。下表简明概述了"5C 标准"及其在中文教学中的应用：

表 4 "5C 标准"及中文教学应用（张东辉，2008）

"5C 标准"	具体标准	标准说明	中文教学应用
Communication 交际 运用汉语进行沟通	Interpersonal communication 人际交流	学习者在谈话中能够提供信息和获得信息，表达感情，交流观点。	用中文进行交际。
	Interpretive communication 理解诠释	学习者能够理解、诠释书面语或口语的各种话题。	能理解适合其年级的听说读写的汉语教材。
	Presentational communication 表达演示	学习者能够向听众或读者展示和表达有关话题的概念和观点。	用中文表达自己的思想、情感和意见。
Culture 文化 体认中国的多元文化	Practices of culture 文化习俗	学习者能够理解目的文化观念与文化习俗的关系。	了解中国各地的不同文化思想、风俗习惯。
	Products of culture 文化产物	学习者能够理解目的文化观念与文化产物的关系。	增强培养对中国丰富的文化产物和名胜古迹的了解和兴趣。
Connections 贯连 将汉语学习贯连其他学科	Making connections 触类旁通	学习者能够通过外语加强和扩展其他学科的知识。	通过中文学习，加强其他学科的学习，并将关于中国语言文化的知识举一反三。
	Acquiring new information 博文广见	学习者能通过外语和目的文化获取信息，认识不同观点。	使用汉语增广见闻，开拓新的知识领域。
Comparisons 比较 比较汉语与其母语，发现汉语和汉语文化的特性	Language comparisons 比较语言	学习者能够通过对比母语和目的语，了解语言的本质。	将所学汉语和中国文化的知识与自己的母语相比较，了解汉语语音、词汇、语法及汉字的特点。
	Cultural comparisons 比较文化	学习者能够通过文化对比，理解文化的概念。	将自己的生活、习俗和同龄的中国学生作比较，认识和了解彼此间文化的异同。

续表

"5C 标准"	具体标准	标准说明	中文教学应用
Communities 社区 将汉语运用于国际国 内社区	School and community/ Language beyond school 学以致用	学习者不仅能够在校 内而且能够在校外环 境运用外语。	不仅仅在学校里学习 和使用汉语,也要将 中文的学习扩展到家 庭、华人社区和其他 地方。
	Life – long learning 学无止境	学习者能够以语言学 习为乐趣,以丰富自 我为目的,并成为终 身学习者。	不但将对汉语和中国 文化的学习融入其日 常生活中,而且要成 为以学习汉语为乐的 终身学习者。

《全美中小学中文学习目标》还对 4 年级、8 年级和 12 年级应达到的目标作出了具体要求。

表 5 《全美中小学中文学习目标》分年级要求(伯冰,2006)

"5C 标准"	具体标准	各年级要求
Communication 交际运用汉语 进行沟通	Interpersonal communi- cation 人际交流	K4:能听懂简单的课堂用语:大家站起来,小朋友坐下。能够交换简单的信息(例如问候等):老师好、小朋友好、谢谢你、老师再见。
		K8:能够在课堂活动或者文化活动中听懂或给出方向指示:东西南北、前后左右上下。
		K12:分享对文学作品(如诗歌,戏剧,短故事,小说)的心得感受:学生交换读书心得。
	Interpretive communi- cation 理解诠释	K4:能够听懂课堂要求并对其作出回应:请把门关上、大家跟我说。
		K8:理解话题熟悉的对话的主要内容:听一段话。
		K12:理解中文报纸公告,杂志广告,卡通片中自己感兴趣的部分的主要内容和一些细节。
	Presentational commu- nication 表达演示	K4:可以对家庭、学校活动和普通事物进行简单的口头介绍:用动物图片介绍十二生肖。
		K8:在学校活动中表演小品,背诵诗歌,讲故事,唱中文歌曲。
		K12:写作文介绍日常生活环境中的人和事物:写以我的好朋友为题的短文。

"5C 标准"	具体标准	各年级要求
Culture 文化 体认中国的 多元文化	Practices of culture 文化习俗	K4：参加适合本年龄段的文化活动（游戏，歌曲，节日庆典，讲故事等）：模拟端午节划龙舟。
		K8：学习适合本年龄段的文化实践（烹饪，游戏等）：玩七巧板，看皮影戏，包饺子。
		K12：学习适合本年龄段的文化实践：打太极拳，下象棋，欣赏京剧。
	Products of culture 文化产物	K4：学习颜色、动物、数字等代表的意义：红色代表喜庆。
		K8：了解并学习中国对世界的文化和科学贡献：列出数项中国科学发明，以及文房四宝笔墨纸砚的来源及重要性。
		K12：学生经历（读，听，发现，表演），讨论，分析中国文化产物：岁寒三友松、竹、梅的含义。
Connections 贯连 将汉语学习 贯连其他 学科	Making connections 触类旁通	K4：使用中文来解释其他学科中学过的名称、概念：说出昆虫的中文名字，列出常用的交通工具。
		K8：以其他课程中学过的内容为题，作口头或笔头报告：用地图解说中国各大城市及各地物产。
		K12：把其他课程中的信息和中文信息相结合，完成中文课堂活动：画一幅介绍太阳系的海报。
	Acquiring new information 博文广见	K4：读/听符合本年龄段的民间故事，小故事，诗歌和歌曲。
		K8：运用中文资源准备中文或英文报告：剪贴不同时代中国服饰的图片。
		K12：运用多种中文资源，就自己感兴趣的话题或有过有限经历的话题，准备中英文报告。比较中英文资料中介绍的相同话题的内容：用中英文资料研究中国食物的营养价值。

续表

"5C 标准"	具体标准	各年级要求
Comparisons 比较 比较汉语与其母语，发现汉语和汉语文化的特性	Language comparisons 比较语言	K4：运用中文量词，比较量词和母语中相似的成分：一杯茶＝a cup of tea。
		K8：比较中文组合规则（"从一般到特殊"）和自己母语的组合规则：一九九八年二月二十八号上午九点十分。
		K12：知道中文词序和自己母语的词序是不同的：他今天下午三点在学校等你（He will be waiting for you at school 3pm this afternoon）。
	Cultural comparisons 比较文化	K4：比较不同文化背景的不同行为表现：不同的餐具，筷子/刀叉。
		K8：比较中国文化和本族文化中日常行为的不同：比较各地吃饭习俗，以及主客座位的安排和上菜顺序。
		K12：比较谚语——文化的反映，引用中文和自己母语的例子：一箭双雕——Kill two birds with one stone。
Communities 社区 将汉语运用于国际国内社区	School and community/ Language beyond school 学以致用	K4：通过对话、笔记和卡片与中国人做个人交流：送自己做的生日卡片给中国小朋友。
		K8：和当地社区的人打交道，听听他们在工作中是怎样使用中文的：访问中国城的商店及餐馆。
		K12：为别人提供中国语言和文化的信息：高中学生到小学或其他班级介绍中文，或用海报介绍中文。
	Life–long learning 学无止境	K4：阅读/使用各种中文媒介达到娱乐目的：看童话图片及欣赏中文卡通片。
		K8：利用多种中文资料去获得自己感兴趣的信息：利用图书馆或网络查询对个人有兴趣的资料（例如秦俑的发现）。
		K12：利用多种中文资料去获得自己感兴趣的信息：阅读报纸杂志，搜集网络资料。

除此之外，《全美中小学中文学习目标》还阐述了学习汉语的重要性，回顾了美国汉语教学的发展过程，概述了汉语的基本特点，并提出了不同学校、不同主题及侧重点的 10 套任务型学习方案，如中国民

居——四合院，汉字的演变，中国的风筝、京剧等。

1.2.6 加拿大语言等级标准（CLB）2000

1. 研制背景

随着加拿大移民的增加，需要制定一个统一的英语作为第二语言的能力标准，以便对新移民进行语言培训和评估。在此背景下，1993 年，加拿大全国外语能力标准工作组成立，负责制定 CLB（Canadian Language Benchmarks）。1995 年完成初稿，并进行全国性试验。1996 年正式颁布。1999 年进行修订，并于 2000 年颁布了修订版。

2. 等级划分

CLB 将学习者的语言能力分成初、中、高（Basic proficiency、Intermediate proficiency、Advanced proficiency）三等（stage），每等又分四级（初始 Initial、发展 Developing、足够 Adequate、流利 Fluent），共十二个等级（benchmark），分别按听、说、读、写四项技能来进行描述。

3. 描述方式

CLB 是英语作为第二语言的交际能力的描述性量表，其描述性陈述展示了学习者语言知识（能力）和技能的应用，是加拿大成人英语作为第二语言教育和评估的全国性框架和标准。它不描述具体知识和技能（如特定语法结构），不是课程指导，不和特定的教学法绑定。它是依据交际语言能力理论的，以学习者为中心的，基于任务的，基于能力的（强调"学习者能做什么"）量表。

CLB 将一等（stage）中一个技能四个级别（benchmark）的描述称为一个"单元"。在每一"单元"开始，都有该等四个级别学习者语言能力的综合描述，并从策略发展和背景知识准备两个方面说明了达到该等级能力水平应学什么或教什么。而每一"单元"结尾，都有关于该等该项技能检测、评估和报告的方法。

每项技能的每一个等级（benchmark）的描述都由三个部分组成：

第一部分是学习者语言能力的综合描述（Global performance descriptor）；第二部分是所完成的语言任务的特点（Performance conditions）；第三部分从"学习者能做"（What the person can do）、任务和文本举例（Examples of tasks and texts）及技能表现（Performance indicators）三个方面具体说明了该等级的能力产出和标准（Competency outcomes and standards）。

下图简明展示了 CLB 的框架结构：

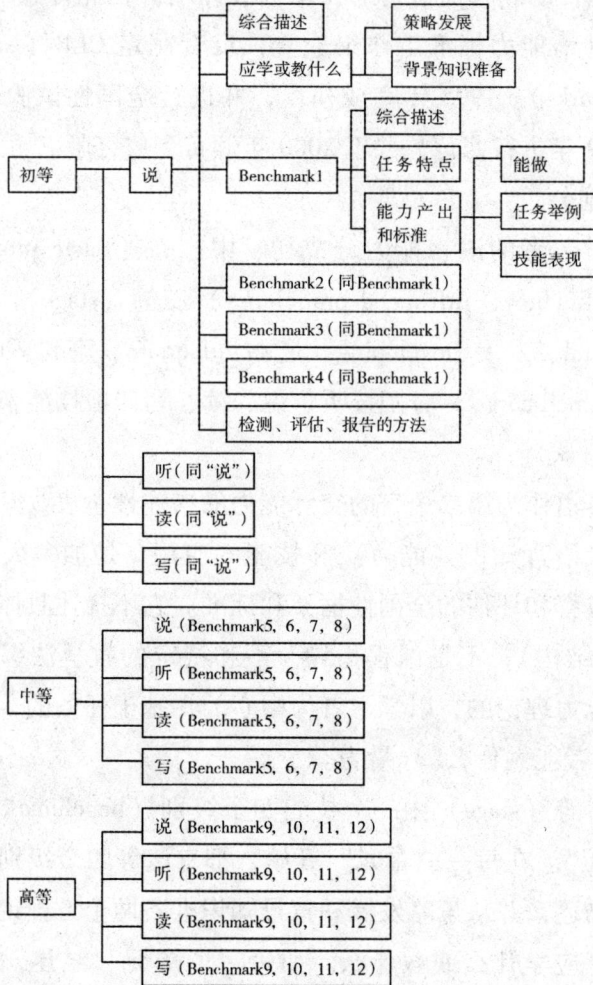

图 2　CLB 框架结构

学习者语言能力的综合描述（Global performance descriptor）简短描述了学习者英语作为第二语言在听、说、读、写四种任务中展现出的综合能力。口语综合能力的描述角度：话语中表现的典型功能，典型限制及策略运用，可能需要的帮助。听力综合能力的描述角度：学习者可以听懂的话语举例，学习者可以理解并摘录的材料举例，需要的帮助（如重复等），典型限制（即什么样的材料学习者不懂，或者有困难）。阅读综合能力的描述角度：词汇认知能力，理解程度，词意猜测和信息推断能力，略读和跳读能力，总结和评价能力。写作综合能力的描述角度：文章长度，可以写作的题材，任务完成的成功程度。（伯冰，2006：37）

所完成的语言任务的特点（Performance conditions）指如交际目的、场景/地点、听众、话题、时间限制、任务长度、所允许的帮助等语言任务的具体特点。口语任务特点的描述角度：流利度，语法和结构准确度，词汇量，发音准确度。听力任务特点的描述角度：语速，媒介形式（面对面、视频、音频），参与说话的人数及发言的轮数，典型话题类型，词汇量，结构复杂度。阅读任务特点的描述角度：篇幅，文章特点（如文章跟人的经历有关），文章的话题，视觉帮助，词汇量，成语量。写作任务特点的描述角度：观点表达程度，内容充实度和文章结构特点，语法和结构准确度。（伯冰，2006：37）

能力产出和标准（Competency outcomes and standards）告诉我们学习者能做什么和达成该等级所应展现出的技能，并给出交际任务和文本的例子。该部分的描述角度见下表：

表6　能力产出和标准

技能	Benchmark1～4	Benchmark5～8	Benchmark9～12
说	●社交 ●指令 ●说服 ●信息	●社交 ◆人际交流能力 ◆会话管理策略 ◆电话交流能力 ●指令 ●说服 ●信息 ●陈述 ◆一对一交流 ◆小组内交流	●社交 ◆人际交流能力 ◆会话管理策略 ●指令 ●说服 ●信息 ●陈述 ◆一对一交流 ◆小组内交流
听	●社交 ●指令 ●说服 ●信息	●社交 ●指令 ●说服 ●信息	●社交 ●指令 ●说服 ●信息
读	●社交文本 ●指令 ●商务/服务文本 ●信息文本	●社交文本 ●指令 ●商务/服务文本 ●信息文本 ●参考能力和学习技巧	●社交文本 ●指令 ●商务/服务文本 ●信息文本 ●参考能力和学习技巧
写	●社交 ●记录信息 ●商务/服务信息 ●表达信息	●社交 ●再造信息 ●商务/服务信息 ●表达信息和观点	●社交 ●再造信息 ●商务/服务信息 ●表达信息和观点

从上表可见，社交（social interaction）、指令（instruction）、说服（suasion）、信息（information）四种能力是这一部分的主要描述角度。社交能力指在人际社会中相互交流的能力；指令能力是接受和给出指示的能力；说服能力指说服别人或对别人的说服作出反应的能力；信息能力是交换、表达、讨论信息、想法、观点、情感，讲述故事，描述情况，作报告和发表议论的能力。

另外，从第五级开始，CLB将任务举例按照社区、学习、工作三个不同活动场景予以划分。

4. 描述举例

下面以"说"5级的综合描述、任务特点及社交能力为例具体展示

CLB 的描述。

表 7　CLB "说" 5 级

综合描述	·通过一些努力，学习者能参与日常会话，谈论与个人相关的熟悉话题和需求。 ·能使用多种简单结构和一些复杂结构，偶尔出现简化。 ·经常出现语法和语音错误，有时影响交际。 ·掌握一些日常词汇和有限数量的习语。 ·能避开有不熟词汇的话题。 ·会使用 and，but，first，next，then，because 等词衔接语篇，较流利，但常有犹豫和停顿。 ·能使用电话交流个人简单信息，缺乏视觉支持的交流仍很困难。
任务特点	·交谈是面对面的方式或通过电话。 ·说话速度低于正常语速。 ·交流场合基本是常见的或可预见的。 ·交流场合以非正式场合为主，也包括一些正式场合。 ·指令有五到六步，一对一给出，一次一步，有可视线索。 ·讲话能够持续 3 到 5 分钟。 ·话题是熟悉的日常生活。 ·听众较少而熟悉。 ·环境熟悉。 ·话题熟悉且具体。 ·表达非正式或半正式。 ·借用图片或其他可视手段。 一对一交流 ·面对面交流或电话交流。 小组交流 ·三到五人，熟悉。 ·话题熟悉，非个人，具体。 ·非正式或半正式交流。 ·有组长的鼓励。

续表

能力产出和标准——社交能力	能做	人际交流能力 ·对简短评论做出反应。 ·表达、接受或拒绝邀请或赠与。 ·表示和接受赞美。 ·表示和接受祝贺。 会话管理策略 ·表明不理解。 ·转换话轮。 ·在会话中表示兴趣以鼓励他人。 电话交流能力 ·根据情况简短回答电话。
	任务举例	人际交流能力 ·社区，学习，工作，对简短评论做出反应。 ·表示和接受赞美和祝贺。 ·社区，邀请喝咖啡、聚餐和参加派对。 ·接受或拒绝喝咖啡、聚餐和派对的邀请。 会话管理策略 Sorry, what did you say. I didn't catch what you said about X. Could you repeat that. What does X mean. Excuse me. May I ask a question. 电话交流能力 Hello, lunchroom, Bob speaking... Just a moment, please. I'll get Tom... Tom, a phone call for you, line 1...
	技能表现	人际交流能力 ·简短评论做出反应。 ·表达、接受或拒绝邀请或赠与。 ·表示和接受赞美。 ·表示和接受祝贺。 会话管理策略 ·表明不理解。 ·用话语或非话语手段转换话轮（传递要发言的信息）。 ·鼓励对话（如眼神接触，微笑，点头和短句）。 电话交流能力 ·回答电话。 ·提供需要的信息。 ·将电话交付他人。

1.2.7 澳大利亚 ISLPR 量表 1999

1. 研制背景

二十世纪七十年代末，为了促进成年移民的语言教育，澳大利亚政府需要一个能反映当时流行的成人外语学习理论的评价系统，以作为制定语言政策、开发语言课程的参照。1979 年，David Ingram 和 Elaine Wylie 带领昆士兰大学的团队，着手制定澳大利亚第二语言水平量表（Australia Second Language Proficiency Ratings）。量表的制定参考美国 FSI 量表，增加了听和写，（当时的 FSI 量表仅有说和读），并在低端增加了 0 +、1 - 和 1 + 级别以反映非英语背景新移民的语言能力。1979 年第一版量表推出后，于 1980 至 1981 年进行了信度和效度的评估，1984 年推出修改版。随着第二语言教学理论的发展，该量表又于 1995 年及其后不断进行修改，并于 1997 年改名为 ISLPR（International Second Language Proficiency Ratings），以适应国际化发展的需要。

2. 等级划分

共有 12 级，分别为 0（zero proficiency），0 +（formulaic proficiency），1 -（minimum 'creative' proficiency），1（basic transactional proficiency），1 +（transactional proficiency），2（basic social proficiency），2 +（social proficiency），3（basic 'vocational' proficiency），3 +（basic 'vocational' proficiency plus），4（'vocational' proficiency），4 +（advanced 'vocational' proficiency），5（native - like proficiency）。

3. 描述方式

ISLPR 量表包含听、说、读、写四种技能的分量表，分别描述在实际语言交际过程中，各个级别的使用者能完成的任务、相应的语境、所采用的语言形式、准确度、流利度、得体度等。

量表分为通用能力版本和专门用途版本。通用能力版本以"学习者中心"为视角，关注个体学习者在现实生活中对目的语的个人体验，关注学习者自身的语言能力。通用能力版本有针对所有语言的"母版"和针对不同目的语的不同版本。专门用途版本以"角色中心"为视角，关注特定角色（如雇主、法官、研究机构主任）在特定领域内的语言使用。专门用途版本目前主要供职业和学术目的使用。

所有量表均分为三栏。第一栏描述语义、语言现象和社会文化现象；第二栏是语种或用途（专门用途版本），给出任务举例、语言形式和语境；第三栏标明该等级主要进步并进行评论。

ISLPR 量表主要有三个用途：评估个体学习者的语言能力，科研和政策制定参考，提供制定语言课程的框架。

4）描述举例

下表是 ISLPR 量表对各水平等级的简要概述：

表 8　SLPR 量表对各水平等级的简要概述

等级	概述
0	不能用目的语进行交际。
0 +	能使用机械的语言非常有限地表达最基本的需求。
1 –	能使用基本机械的语言表达基本需求。
1	能满足基本日常交际需求。
1 +	能满足日常交际需求和有限的社会需求。
2	能满足基本社会需求，与日常商业活动有关的常规需求，及对语言要求不高的职业需求。
2 +	显著优于 2 级水平但尚未达到 3 级水平。
3	能在社会和社区生活、日常商业活动、日常娱乐活动、对语言要求不高的职业领域中的大多数正式和非正式场合进行有效的活动。
3 +	显著优于 3 级水平但尚未达到 4 级水平。
4	能在几乎所有社会和社区生活、日常商业活动、日常娱乐活动、职业领域进行非常有效的活动
4 +	显著优于 4 级水平但尚未达到 5 级水平。
5	相当于同一社会文化背景中的母语使用者。

1.2.8　国际汉语能力标准

1. 研制背景

自 2006 年 8 月起，国家汉语国际推广领导小组办公室（Hanban）先后组织海内外八十多所大学的语言教学专家及教育测量专家参与《国际汉语能力标准》（Chinese Language Proficiency Scales for Speakers of Other Languages 2007，以下简称《标准》）的研制工作，并广泛征求了国内外专家学者和教师的意见。研制组在国内外先后收集了近七千条语言应用任务，根据任务的难度、复杂度等特征并采用定性和定量的方法提取出构成语言能力的要素，建立起汉语能力描述库并确定了《标准》的级别，并在 2007 年底举行的第二届孔子学院大会上正式颁布。《标准》借鉴了 CEF、CLB 等国际语言能力标准的研制成果，以语言交际能力理论为指导，注重语言的实际运用，同时体现汉语自身特点。《标准》"可作为制订国际汉语教学大纲、编写教材和测评汉语学习者语言能力的参照标准"（国家汉语国际推广领导小组办公室，2007：III）。

2. 等级划分和描述方式

《标准》从三个层面提供了五个级别的描述，其描述框架见下图：

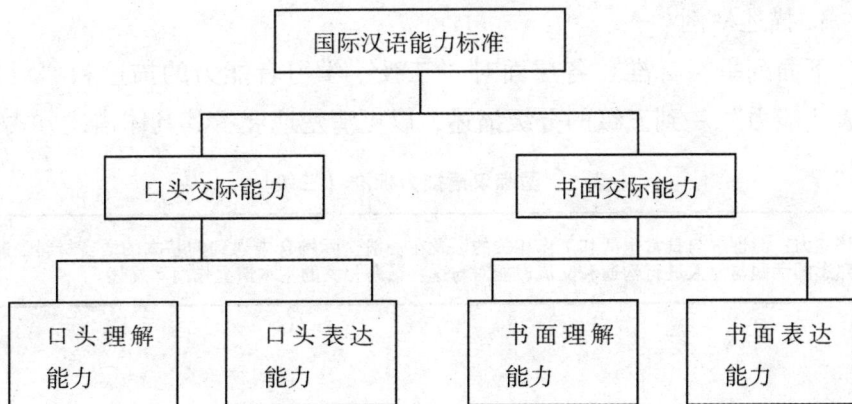

图 3　HSK 能力量表描述框架

三个层面真实反映语言的实际运用，同时体现汉语口语和书面语之间存在较大区别的特点。

每个层面又分成五个级别，并对第三层面的每一级别进行语言能力描述和任务举例。"语言能力描述"以"能做某事"为出发点，"任务举例"列举与各语言能力级别相对应的汉语应用任务的实例。

《标准》对第三层面四项语言能力在交际过程中的体现进行了具体描述，包括：

口头理解能力，涵盖对社交场合互动话语的理解，对指示性、说明性话语的理解，和对各种信息类话语的理解；

口头表达能力，涵盖社交场合的互动型口头表达，口头给出指示、说明或要求，陈述与表达信息；

书面理解能力，涵盖对社交场合往来函件的理解，对指示性或说明性文本的理解，对各种信息类文本的理解；

书面表达能力，涵盖社交场合往来函件的撰写，信息的记录、加工和书面表达。

《国际汉语能力标准》尚未提供反映汉语使用能力的各种知识与策略，如词汇、语法等；对任务的举例过于简单，未能涵盖话题、情境与功能。

3. 描述举例

下面列举《标准》各层面对"三级"学习者能力的描述和"对口头表达能力"一到五级的分级描述，以更清楚地展示其具体描述方式。

表9　国际汉语能力标准（三级）

总体能力：能理解与日常生活和工作相关的以及在一般交际场合中遇到的基本的语言材料。能就熟悉的话题与他人进行沟通和交流，能对与这些话题相关的基本情况作简单描述。

口头交际能力：能听懂日常生活和一般场合下的交谈或简短发言，明白其大意，把握基本情况。能就与此相关的熟悉话题用简单的话语与他人进行沟通和交流，或作简单描述。		书面交际能力：能阅读日常生活、工作或学习中常见的简短书面材料，了解大意，识别具体信息。能填写与个人生活或工作密切相关的信息，回答相关问题或介绍相关情况。能用最基本的词汇或句子就一般场合下熟悉的话题进行简单的书面交流。	
口头理解能力： ●能听懂与个人或日常生活密切相关的简短会话或交谈。 ●能听懂与个人经历有关或一般常识相关的简短且直接的问题。 ●能听懂日常生活中常见的指示要求或话语。 ●能了解闲谈、一般性介绍或电话交谈中的具体信息。 ●能听懂简单的故事、广告或熟悉其背景情况的新闻广播中的主要内容。 偶尔需要会话对方解释或重复。	口头表达能力： ●能参与简短或例行的对话，讨论个人需求。 ●能和他人沟通，说出自己的需求或经历。 ●能简单描述个人或日常生活中常见的活动。 ●能就日常生活中的一些事务给出简单的指示。 ●能简单描述某一状况，讲述简单的事件。 ●有时需借助手势或相关辅助材料。	书面理解能力： ●能读懂一般社交场合的留言、记录、电子邮件、短信或简短信函。 ●能看懂日常生活中简短的介绍性或说明性材料。 ●能读懂与日常生活密切相关或内容可预测的简单的叙述性或描写性材料，抓住主要的和具体的信息。 ●能在内容熟悉的稍长的文本中找到所需的特定信息。	书面表达能力： ●能就一般社交场合下熟悉的话题书写简短的信息。 ●能记录、抄写或填写事实性或说明性信息。 ●能简单叙述与个人、家庭有关的或其他非常熟悉的事件、故事、计划等。
任务举例： ●听别人介绍自己的爱好。 ●听社团活动介绍。 ●听工作任务简介。 ●听旅行计划介绍。	任务举例： ●介绍自己的同事或朋友。 ●介绍自己的假期生活。 ●接听电话或留言。 ●询问商品功能。	任务举例： ●读私人信件。 ●看招聘启事。 ●看简短的会议通知。 ●读简短的小故事。	任务举例： ●写贺卡。 ●写感谢信。 ●填写简单申请表格。 ●写个人情况介绍。

表10 国际汉语能力标准——汉语口头表达能力（一到五级）

	能力描述	任务举例
一级	●能问候他人或对他人的问候作出回应。 ●能说出与个人直接相关的最简单信息。 ●能用几个词表达基本的需求或给出指示。 ●能表达最基本的请求或寻求帮助。 ●经常停顿且依赖肢体语言。	●说出个人基本信息。 ●询问时间、日期。 ●询问列车时刻。 ●询问对方地址及电话。
二级	●能以有限的方式与他人沟通，表达基本的需求。 ●能就个人或日常生活中非常熟悉的话题提出简单的问题或给出简单的回答。 ●能给出简单的指示或要求。 ●能说出个人的基本信息。 ●有停顿且依赖肢体语言。	●询问他人的爱好。 ●说出自己身处的方位。 ●描述丢失物品的特点。 ●询问旅游安排。
三级	●能参与简短或例行的对话，讨论个人需求。 ●能和他人沟通，说出自己的需求或经历。 ●能简单描述个人或日常生活中常见的活动。 ●能就日常生活中的一些事务给出简单的指示。 ●能简单描述某一状况，讲述简单的事件。 ●有时需借助手势或相关辅助材料。	●介绍自己的同事或朋友。 ●介绍自己的假期生活。 ●接听电话或留言。 ●询问商品功能。
四级	●能在一般社交场合较自信地与他人交流，就常见话题进行交谈。 ●能参加小组讨论，就某件事情提出建议、给出理由、表达自己的观点或意见。 ●能就简单的日常活动安排作出指示。 ●能简单描述或报告某件事情的经过或情况。	●谈论自己的工作。 ●说明自己的饮食习惯。 ●描述自己的一次特殊经历。 ●比较两个单位的异同。
五级	●能在多数社交和工作场合自信并有效地与他人交谈、交流。 ●能就一般性话题在具体或抽象层面进行讲述或参与讨论，能陈述理由，表明观点和态度。 ●能对熟悉的技术或非技术性工作流程作出说明、解释或指示。	●介绍某种职业的特点。 ●谈论自己喜欢的电影。 ●讲述名人轶事。 ●陈述自己的研究课题。

1.2.9　汉语口语水平等级标准及测试大纲（HKC2010）

1. 研制背景

《汉语口语水平等级标准及测试大纲》（Spoken Chinese Proficiency Grading Standards and Testing Guideline）由天津市语言文字培训测试中心研发，作为国家规范标准已经教育部、国家语委批准，于 2010 年 10 月 19 日发布，2011 年 2 月 1 日起实施。它规定了母语非汉语人群及华人华裔在日常生活领域运用汉语口语交际的水平等级标准及测试大纲。该规范对其适用范围、规范性引用文件、等级标准和测试大纲制定的依据进行了解释，对口语、交际语言测试、原始分数、导出分数等术语进行了定义，对测试词语表研制的原则、依据和内容进行了说明，并附有测试词语表。

2. 等级划分

"汉语口语水平等级标准"规定为三等九级，即初、中、高三等；每等分三级：初等一、二、三级，中等四、五、六级，高等七、八、九级。

3. 描述方式及举例

该标准指出初等涉及居家、饮食、购物、交通、健康、卫生、爱好、天气、学习等 9 个最基本生活领域；中等在初等基础上再加上工作、理财、旅游、交往、情感、计划、体育、网络、娱乐等 9 个较广泛生活领域，共 18 个区域；高等在初等和中等基础上再加上政治、经济、文学、艺术、历史、地理、军事、法律、民俗、宗教、自然、心理等 12 个更广泛生活领域，共 30 个区域。

该标准对各等级具备的语言知识（语音、词汇、语法）进行了简单规定，对各等级具备的听、说两项能力和使用的交际策略进行了简单规定，对各等级汉语口语水平测试的导出分数进行了规定。

如"中等水平标准"是这样规定的：

在较广泛的生活领域，基本具备用汉语口语完成交际任务的能力：

a）基本掌握汉语普通话声、韵、调特征，语音偏误较少；能掌握中等词语表中的词语，用词基本准确；能使用常见形式的单句和复句进行口语表达，语法偏误较少。

b）基本能听懂正常语速下的话语，抓住主要信息；表达基本连贯；能用一定的交际策略达到交际目的。

c）中等四级导出分数在 400 分～500 分之间；中等五级导出分数在 500 分～600 分之间；中等六级导出分数在 600 分～800 分之间。

《汉语口语水平等级标准及测试大纲》只针对汉语口语交际能力从初、中、高三个等级加以简单而概括的描述，划分不够细致；未对应完成的交际任务进行具体的描述和举例；未对口头理解和表达（即听和说）以及互动型与独白型的口头交际加以细分。

1.2.10 分析和结论

通过以上描述我们可以看出：

交际能力理论是制定语言能力标准的理论发展趋势。不管是"21世纪外语学习标准"，还是"加拿大语言等级标准"和"国际汉语能力标准"，都重视交际能力的培养，不再以具体语言知识作为标准的核心内容和划分等级的标尺，而是强调学习者运用语言达成目标的能力。正如"21 世纪外语学习标准"中提出的，外语学习的目标是 Knowing how，when，and why to say what to whom，而不仅仅是掌握一定数量的词汇、语法知识。

基于这一理论基础，"21 世纪外语学习标准"突破了传统的等级划分形式，提出了 5 大标准和 11 项具体目标，其中有 3 项具体目标直接提到了文化，3 项涉及交际能力，3 项涉及在社区及社会中运用语言。"加拿大语言等级标准"在"说"的"社交能力"部分特别提出"会话管理策略"，在"读"的 5～12 级特设"参考能力和学习技巧"，对学习者的交际策略和学习策略使用能力进行了阐释。而相比较而言，"国际汉语能力标准"和"汉语口语水平等级标准"虽然也有了交际能力培养的目标，但对策略能力只是很简略地一带而过，而对社会语言能力，特别是跨文化交际能力则没有提到。

ALTE量表和ACTFL水平指南都以"能做"（Can-do）为语言能力的描述方式。CEF强调使用积极肯定式评语评述语言使用者的语言能力，如"交际活动——语言输入——听"的描述为："能听懂本族语人之间的交谈内容，能像普通听众听一样听懂现场的讲话，能听懂通知和指令，能听懂广播和录音。"CLB也是基于能力的，强调学习者能做什么。这种正面的描述既描述了语言使用者的能力，又可作为语言教学的目标。

ALTE量表将每项技能分成社会生活和旅游、工作、学习三个不同的使用场合，还制订了以"能做"（Can-do）形式描述的综合、社会生活和旅游、工作、学习四大量表。ISLPR量表分为通用能力版本和专门用途版本，其中专门用途版本关注特定角色（如雇主、法官、研究机构主任）在特定领域内的语言使用。这种按不同语言使用场合和使用对象分列不同量表的做法也值得借鉴。

CEF的理论基础是"以行动为导向"，强调通过现实的语言活动来实现交际任务。"加拿大语言等级标准"也是基于任务的，进行了详细的任务举例，并对这些任务的特点（交际目的、场景/地点、听众、话题、时间限制、任务长度、所允许的帮助）也进行了详尽的说明。"国际汉语能力标准"也进行了任务举例，并简单设置了任务特点（如"能用几个词表达基本的需求或给出指示"、"能参与简短或例行的对话"），但相比较而言，显然简单概略得多。

ALTE量表、CEF和"21世纪外语学习标准"都没有直接将语言交际能力分成听、说、读、写四项。ALTE量表将语言技能分成产出性技能和接收性技能，CEF将语言活动分为输入、输出、活动、中介四种模式，而"21世纪外语学习标准"将交际分成人际交流、理解诠释、表达演示三种模式。人际交流模式综合运用听、说、读、写四项技能，理解诠释包含听、读两项技能，表达演示模式包含说、写两项技能。这种分类方法还原了真实的语言交际过程，"更真实地体现出语言运用的实际状况：一方面从表达和理解关注交际过程的语言输入和语言输出两个基本方面；另一方面，将人际沟通作为一个项目，表现出对文化认知、交际策略等因素在语言交际中作用的关注。"（罗青松，2006：127）"国际汉语能力标准"也将交际语言能力表述为口头理解能力、口头表达能力、书面理解能力和书面表达能力，体现出将语言能力放在交际过程中展现的意图，但基本还是维持了听、说、读、写四项能力的格局，只是在口头表达一项里提到了互动性交际。

　　"21世纪外语学习标准"重视学习者能力的培养和综合素质的提高。学习语言的目的并不仅仅只为掌握一门语言，而是为了能使用这种语言去交流，去体会，去学习，去比较，去得到更多的信息，去更好地理解我们所在的这个世界；而这些语言的实际运用也反过来促进了语言能力的提高。因此，"21世纪外语学习标准"把运用语言文化知识和交际能力融入多元社会作为一个重要的目标。"5C标准"中的"触类旁通"、"博文广见"、"比较语言"、"比较文化"、"学以致用"、"学无止境"都直接体现了这一意图。而"加拿大语言等级标准"、"国际汉语能力标准"和"汉语口语水平等级标准"则没有这一目标。

2　语言测试的类型、内容和方法

2.1　语言测试的作用

语言测试是语言教学的有机组成部分，是语言教学活动四大环节（总体设计、教材编写、课堂教学、语言测试）中的重要一环。语言测试在语言教学中的作用主要体现在以下五个方面：

1. 明确课程目标

语言测试是语言教学的重要环节。测试大纲与教学大纲相一致。因此，对测试结果的分析可以反过来检验教学大纲是否科学和切合实际。测试的范围、内容和方法也限制了教学的范围、内容和方法。所以测试能明确教学目标。

2. 评估教学成效

测试是反馈教学信息的重要途径。测试的结果能使教师发现是否达到教学目标，评估学生是否达到学习要求。

3. 挑选合适人选

测试可以用来选拔特定目的所需的人选，如招生与分班等。

4. 激发学习动力

学生通常会根据测试类型及内容而相应地在某一方面努力学习。测试也具有反拨作用，如果所有测试都是书面形式，那么学生就容易集中精力于提高阅读和写作方面的能力而忽略说的能力。

5. 提高教学质量

测试为调整教学进度、修订教学重点、选择教学方法提供重要依据，可以帮助教师检查教学效果，找出在教材、教学内容和教学方法等方面存在的问题，以便在今后教学中加以改进。

6. 提供练习机会

测试本身是一种语言操练活动，对学生来说是很好的练习机会。通过参加考试，学生可以学到更多的尚未掌握的内容并取得更多的经验，今后将做得更好。

2.2　语言测试的类型

各种语言测试的目的、要求、内容、方法不尽相同，评分方法与参加人数规模也不相同。根据不同的标准，语言测试可以划分为不同的类型。

2.2.1　按测试目的划分

根据测试组织者的测试目的，可以将语言测试分为以下五种类型：

1. 水平测试（proficiency test）

也叫能力测试，是不以具体教学内容为基础，而是根据一定的要求，检查学生的语言知识或综合运用语言的能力是否合格，以选拔人才为目的一种标准化测试。

这种测试的目的是测量测试对象的第二语言水平，其内容和方法以能够有效地测量测试对象的实际语言水平为原则，而不以某个具体教学单位的教学大纲或某一种特定的教材为依据，所以与教学过程没有直接的联系。水平测试的这一特点决定了它不需要考虑测试对象的特点和他们的学习过程，同一种水平测试可以适用于不同的测试对象。

TOFEL、HSK、EPT 等都属于水平测试。

2. 成绩测试（achievement/attainment test）

成绩测试是以比较具体的教学大纲内容为依据、以评价学生的学习成绩为目的而设计的测试。

这是一门课程或课型的测试，所以又叫课程测试。成绩测试是教学中最常用的一种测试，目的是测量学生的学习成绩，一般是在教学过程中的期中、期末以及教完一个或若干个教学单元之后举行。结业和毕业考试也是成绩测试。这种测试的性质决定了它跟教学过程和教学对象有密切的关系，测试的内容和方法必须跟教学大纲规定的教学要求以及体现在课程的教材和课堂教学中的教学内容、教学方法相一致。

3. 诊断（分析）/进展测试（diagnostic/progress test）

诊断测试是指用测试的方式对教学、学习、教材、教学法等因素进行诊断而设计的测试，其目的是及时发现问题并改进教学。

这种测试的目的是检查学生对有关教学内容的掌握情况，检查教学效果是否达到了教学大纲的阶段性要求，发现教和学双方存在的问题，以便及时采取改进教学的措施。成绩测试也可以发现教和学双方存在的某些问题，但是诊断测试的测验内容更集中，更有针对性，能够反映课堂观察和成绩测试中不容易发现的现象，获得课堂观察和成绩测试中不可能得到的数据。

4. 语言潜能测试（aptitude/prognostic test）

这种测试的目的是检查测试对象学习第二语言的潜在能力（即天赋），所以也叫学能测试能力倾向测试或素质测试。它是一种并不以受试者已学或将学的语言知识为内容，而是以其他语言甚至是人造符号为内容，以预测学生学习语言的能力为目的而设计的测试。

潜能测试一般是在教学之前举行，主要作用是考查测试对象是否适合或在多大程度上适合学习第二语言，学习第二语言至少需要具备一定的模仿能力、记忆能力和理解能力，特别是对语音的模仿能力、对词汇的记忆能力和对语法的理解能力，因此潜能测试的内容要根据测量这几个方面的能力的需要来确定。测试用的语言必须是测试对象从未接触过的语言。

5. 分班测试（placement test）

这种测试的目的是测试不同学生的实际水平，然后将他们分入适当的班级。

分班测试其实是在教学前以教学内容为基准，结合已学内容和即将教授的内容，以区分学生水平、辅助制定教学计划为目的而设计的测试。

分班测试在内容上与成绩测试有相同之处，又由于一般跨度较大、目的在于区分学生能力水平而与水平测试相似。

以上五种类型的测试都有各自的特殊作用。水平测试以尽可能客观的标准去测量测试对象的目的语水平，有专门的考试大纲、统一的试题和统一的评分标准，能够证明达到同样分数线的测试对象具有基本相同的目的语水平。但是水平测试不考虑任何一个教学单位的课程特点，不以任何一个教学单位的教学大纲为依据，所以不能代替成绩测试。成绩测试可以测定学生的学习成绩，但是学习成绩并不能反映学生的语言水平。这主要是因为：不同教学单位的教学要求、教学内容和教学方法往往不同，考试制度和考试方法以及试题的难易程度和评分标准也往往不同，所以同样的分数不一定能反映同样的水平。诊断测试既不全面反映学生的学习成绩，也不全面反映他们已经达到的水平，但是可以发现课堂观察、成绩测试和水平测试中难以发现的问题和数据；潜能测试既不可能反映他们的学习成绩和已经达到的水平，也不可能反映他们学习中存在的问题，但是它有预测第二语言学习能力的作用，这是其他几种测试都无法代替的。

在对外汉语教学中，迄今普遍使用的是成绩测试和水平测试。对潜能测试还缺乏最基本的研究。

2.2.2　按分数解释的参照标准划分

按照对分数解释的参照标准，语言测试可划分为以下两种类型：

1. 常模参照测试（norm – referenced test）

常模参照测试的目的是测出考生语言能力的差异，因此，考生的考分是拉开的，分为优、良、中、差等多个级别，一位考生的分数或水平与其他考生的分数或水平进行比较，分数最高的人就是优胜者。托福考试就是典型的常模参照考试。

2. 标准参照测试（criterion – referenced test）

参加这类考试的考生，其成绩不与其他考生作比较，而只跟所规定的标准进行比较。只要达到了标准，就可以得到满分。这类测试还可以细分为范畴参照测试（domain – referenced test）和客观参照测试（objective – referenced test）两类，前者有确定的测试内容范围，如中学统测，后者没有确定的测试内容范围，只按照教育目标对学生测试。如写作考试的 5 级评分标准：

表 11　写作考试的 5 级评分标准

5 级	内容充实，条理清楚，表达得体。语法正确，语句通顺；词汇丰富，遣词造句恰当，能使用较复杂的句式和一定的修辞手段；汉字书写和标点使用正确。有极个别语法、词汇及汉字书写上的错误，但不影响文章思想内容的表达。
4 级	内容较充实，较有条理，表达基本得体。语法结构清楚，语言尚通顺；词汇较丰富，使用正确，能使用较复杂的句式清楚地表达思想；汉字书写和标点使用基本正确。有个别语法、词汇及汉字书写上的错误，但不影响交际。
3 级	内容较完整，能用较通顺的语言表达思想。语法结构基本清楚；词汇较丰富，但有时词不达意。有语法、词汇及汉字书写方面的错误，但基本上不影响交际。
2 级	基本能表达思想，但内容不够充实。有一定的词汇量，但往往词不达意。语言欠通顺，语法、词汇及汉字书写方面的错误较多，影响意思的表达或与他人的交际。
1 级	能表达一定的思想，但语言较零乱。语法及汉字书写错误很多，应用文缺少基本要件，严重影响交际。

3. 标准相关—常模参照测试（criterion – related norm – referenced test）

这种测试既具有标准参照测试的特点，又具有常模参照测试的特点。HSK 和 CET 都是这种测试。

标准相关—常模参照测试既可以用来考查考生掌握教学大纲规定的学习内容的情况，也可以用来考查考生在全体考生中的相对位置。

标准相关—常模参照测试既与教学内容相关（依据一定的教学大纲，如 HSK 依据《汉语水平词汇与汉字等级大纲》，CET 依据《大学英语教学大纲》），又与一定的语言能力理论为依据（如 HSK 和 CET 都主张全面测试考生的听、说、读、写能力）。

2.2.3　按评分方法划分

按照评分方法的不同，语言测试可划分为以下两种类型：

1. 主观性测试（subjective test）

这种测试由评分人员给予评分。由于评分人员的语言水平不同、对评分标准的理解不同以及个人情绪与健康状况的影响等，评分带有评分人员的主观因素。

主观性测试命题较易，基本排除猜测因素，能考查出客观性测试难以考查的语言写作和口语表达能力，考查的深度、自由度较好。

2. 客观性测试（objective test）

这种测试的试题答案是唯一的，评分可避免主观因素的影响，因此大多数可用计算机来评分。

客观性测试可以做到题量大，内容广，机器阅卷，更能满足统计学上的数据要求，但设计难度大。

2.2.4　按测试内容或认知态度划分

按照测试内容或认知态度，语言测试可分为以下四种：

1. 分离测试法（discrete – point test）

该测试法是由拉多（Lado）于 1961 年提出的。这种测试包括语言要素和语言技能两方面内容。这些内容被划分为语音、词法、句法、语法规则及听说读写能力。这种测试强调测试语言能力。（李卫民，同上）

2. 综合测试法（integrative test）

该测试法由卡罗尔（Carroll）最早提出。（李卫民，同上）这种测试包括不同的语言领域，对考生进行全面测试，即强调测试考生的总体交际能力和效果。

3. 折衷综合测试法（eclectic – synthesis test）

该测试法是由里弗斯（Rivers）于 1967 年和克拉克（Clark）于 1972 年先后提出的。他们认为应把分离测试法和综合测试法结合起来，分为两个阶段，第一阶段采用分离测试法，主要测试辨音、口语语法的基本句型和功能词等，第二阶段采用综合测试法，主要测试学生的理解能力。（李卫民，同上）

4. 语用测试法（pragmatic test）

这种测试由美国语言学家在 70 年代末和 80 年代初讨论提出。它不仅测试语言能力，更重要的是测试语言交际功能与效果。强调测试必须和现实生活的情景结合起来，即把测试的内容与现实生活中某件事联系起来，如打电话、订票、写信等。语用测试法可以从学生感受能力和生成能力两方面加以考查。（李卫民，同上）

2.2.5 按测试所用手段划分

根据测试所用手段的不同，语言测试可分为纸笔测试、口试和计算机辅助测试。

1. 纸笔测试（paper – based test）

纸笔测试是最传统的考试形式，也是目前最常用的形式。

纸笔测试的特点：

（1）测试的时间可长可短，长的可以用2~3个小时；

（2）测试的题量可多可少，多的可以有几十到一百多题；

（3）测试的内容可以比较广，适用的范围也比较广；

（4）测试题型比较多（多项选择题、是非判断题、综合填空、改错、简答题、作文题等）；

（5）可以组织大规模测试。

纸笔测试的缺陷：

（1）很难测试考生的口语能力；

（2）测试交际能力不够全面，较难保证真实性。

2. 口试（oral test）

语言测试所说的口试即口语测试。一般分两种方式进行：录音、面谈。

录音的方式是要求考生把要说的话录在录音设备上，然后由评分员集中评审（可单独听审或两人以上听审）。HSK（高等）和 TOEFL 都采用这种方式。

录音方式的特点：

（1）比较经济；

（2）比较容易组织（多人同时录音）；

（3）参加同一批测试的考生可在同一时间进行测试。

录音方式的缺陷：

（1）难以保证口语交际的真实性，缺乏口语交际的本质特性——互动（interaction）；

（2）测试时对录音设备要求较高（数量多，录音环境容易互相干扰）。

面谈的方式是让考生与考官或考生与考生之间进行直接谈话（就限定的话题，如独生子女的教育问题、城市的交通问题、环境污染问题、水资源问题、能源问题等），考官根据考生在谈话中的表现进行评分。

面谈方式的特点：

（1）比较接近真实的口语交际（但并不等同）；

（2）只能同时测试一位或几位考生；

（3）可以安排不同考生连续进行测试（受主考、考场等限制）。

面谈的缺陷：

（1）组织比较困难（大批考生候考，安排大批考生考同一试题容易泄密；安排不同试题，难以保证试题难度相当）；

（2）大规模测试的面谈需要大批合格的主考人员，人工成本高；

（3）考官在面对不同学生或在不同时间段评分尺度很难把握一致。

3. 计算机辅助测试（computer – based test，internet – based test）

这种测试的试题是在计算机上呈现给考生。从测试的内容上看，这种测试还可以分为两种：一种是计算机辅助的传统测试（基本上是以计算机代替了纸笔，试题的内容与纸笔测试的情况基本相同）；一种是计算机辅助的自适应测试（测试系统根据考生的答题情况不断调整呈现试题的难度以适应考生的水平，直至呈现给考生的试题难度趋于稳定）。

基于计算机网络的测试的特点：

（1）考生可以在不同时间、不同地点参加测试；

（2）自适应测试能够避免低水平考生面对较多难度高的试题，或高水平考生必须完成低难度试题的情况；

（3）测试的理论基础（项目反应理论）不同于纸笔测试。

计算机辅助测试的缺陷：

（1）对测试组织而言，设备、技术要求较高，条件较差的地区无法进行这类测试；

（2）对考生的额外要求增多（会电脑操作）。

2.2.6　其他分类方法

除此之外，还有一些常见的对于测试的分类形式。如按照测试的技能种类，语言测试可分为感受能力（输入式）测试（receptive test）和生成能力（输出式）测试（productive test）。前者包括听力测试和阅读理解测试，后者包括口语测试和写作测试；按照表达方式，可划分为口试（oral test）和笔试（written test）；按照参加测试的人数规模，可分为个别测试（individual test）和集体测试（group test），也叫大规模测试（large‐scale test），如全国英语四、六级考试；按照测试的严格程度，可分为普通（非正式）测试（informal test）和标准化测试（stand-ard test）；按照测试所给的时间，可分为速度测试（speed test）和能力测试（power test），分别考察受试者的熟练程度和正确运用语言的能力；按照测试的时间安排，可分为课前测试（pretest）、课后测试（posttest）、期中测试（mid‐term test）、期末测试（term test）；按照能否在考试时使用教科书或参考资料，又可分为闭卷测试（close‐book test）、开卷测试（open‐book test）；按照测试对用户的影响有大小之分，可分为低风险测试和高风险测试等。此外，还有掌握式测试（mas-tery test）、检查式测试（survey test）、典型式测试（typical test）、极限式测试（maximum test）等。

2.2.7　结论

（1）不同的标准决定不同的测试类型，反过来说，测试的类型是按照不同的标准来划分的。

（2）当讨论某种测试的类型时，应先确定根据什么标准来划分测试类型。

（3）一项测试可能属于不同的测试类型，或者说，可能同时具备不同测试类型的特点。

依据不同的标准可以对语言测试进行不同的分类，但就一项具体的测试而言，从不同的角度看，它往往具有多种测试的特点。如 HSK（初、中等）和 CET 就具有多种测试的特点：

表 12　HSK（初、中等）和 CET 的测试特点

分类标准	测试类别	HSK	CET
语言使用领域不同	普通语言能力测试	+	−
	专项语言能力测试	−	+
测试目的	水平测试	+	+
	成绩测试	−，+	−，+
	学能测试	−	−
	分班测试	+，−	−
	诊断测试	−	−
测试方式	直接测试	−	−
	间接测试	+	+
测试语言技能的分合	分立式测试	+（为主）	+（为主）
	综合式测试	+（少量）	+（少量）
测试所用的手段	纸笔测试	+	+
	口试	+	−，+
	计算机辅助测试	−	−
评分方式	客观性测试	+	+
	主观性测试	−	−
测试的时间要求	速度测试	+	+
	难度测试	+	+
分数解释参照标准不同	标准参照测试	+	+
	常模参照测试	+	+
	标准相关—常模参照测试	+	+
测试对用户影响的大小	低风险测试	−，+	−
	高风险测试	+，−	+

2.3　语言测试的项目和内容

　　第二语言教学的目的是培养学生的语言能力和语言交际能力，第二语言测试，除了潜能测试以外，都必须跟这一总的教学目的相一致。也就是说，无论是水平测试、潜能测试，还是成绩测试或诊断测试，都应当以测量测试对象的语言能力和语言交际能力为出发点。这就是我们对第二语言测试的目的和任务的基本认识。语言能力和语言交际能力具体表现为对话语（口头的和书面的）的理解和表达能力，其中理解能力包括听和读的能力，表达能力包括说和写的能力。因此，我们主张把听、说、读、写作为基本的测试项目。听、读、说、写又都要涉及具体的"语言点"，即有关的语言要素、文化因素和语用规则，这些"语言点"就是测试内容。

　　我们可以用下面的表格来表示测试项目和相应的测试内容。

表 13　测试项目和相应的测试内容

理解	听	语音	词汇	语法		文化	语用
	读		词汇	语法	文字	文化	语用
表达	说	语音	词汇	语法		文化	语用
	写		词汇	语法	文字	文化	语用

　　上面的表格表明：语言测试的项目包括听、读（理解）和说、写（表达）四种言语技能和相应的言语交际技能，每一个项目的测试又都包括若干具体内容。其中词汇、语法、文化、语用是各个测试项目共同的测试内容。听和说用于口头交际，口头交际离不开语音，所以必须把语音作为听和说的测试内容之一；口头交际一般与文字无关，所以不必把文字作为听和说的测试内容；读和写用于书面交际，书面交际离不开文字，所以必须把文字作为读和写的测试内容之一；书面交际一般跟语音没有直接的关系，所以不必把语音作为读和写的测试内容。

水平测试要全面测量测试对象的语言能力和语言交际能力，因此，理想的水平测试应当包括全部测试项目和测试内容，但是迄今为止，并不是所有的水平测试都包括全部测试项目和测试内容。

2.4 试卷的设计

试卷的设计主要包括卷面的构成和试题的类别两部分内容。

2.4.1 卷面的构成

卷面是指一次考试中的一种试卷。如果在考试中要用两种试卷分别测试会话和听力，那么这两种试卷就是两个卷面。我们把一次考试中的一种试卷叫做一个卷面。例如，如果要用两种试卷分别测试说话和阅读，这两种试卷就是两个卷面。卷面构成是指测试的项目和内容分布在几个卷面中，一个卷面包括哪些测试项目和测试内容。

卷面构成可以根据试卷所包括的项目的多少，分为单项卷面、双项卷面和多项卷面，只测验一个项目的叫单项卷面，测验两个项目的叫双项卷面，测验三个或四个项目的叫多项卷面。无论是单项卷面，还是双项和多项卷面，每个项目都可以包括该项目的全部测试内容，也可以只包括该项目的部分测试内容。双项或多项卷面的项目组合也可以根据需要进行选择。例如，可以是听和说、读和写的组合，也可以是听和读或听、说、读的组合，如果按照卷面所包括的项目区分，单项卷面、双项卷面和多项卷面共有14种试卷。其中：

单项卷面有四种，即听力、说话（口语）、阅读、写作（写话）；

双项卷面有六种，即听和说、听和读、听和写、读和说、说和写、读和写；

多项卷面有四种，即听读说、读写说、听读写、听读说写。

　　不同类型的测试对卷面构成的要求不完全相同，同一种类型的测试也可以有不同的卷面构成，卷面构成往往要由两个方面的因素来决定，一是测试目的以及由此决定的测试项目和测试内容；二是测试的时间限制。任何考试都要受时间限制，所以卷面不宜过长。如果只需测试一个项目，当然只能采用单项卷面，如果要测试两个或两个以上的项目，就要看测试内容和题数的多少。如果每一个项目的测试内容和题数较多，为避免卷面太长，就只能采用单项卷面（把不同的测试项目分散到几个单项卷面中）；如果每一个项目的测试内容和题数较少，即使采用双项或多项卷面也不会造成卷面过长，就可以采用双项或多项卷面（把不同的测试项目集中至双项或多项卷面中）。目前最常用的还是单项卷面和双项卷面，双项卷面又主要是听和说、读和写的组合，通常叫口试试卷和笔试试卷。

　　水平测试要全面测量测试对象的语言能力和语言交际能力。因此，理想的水平测试应当包括全部测试项目和测试内容，最好采用单项卷面，或者有的项目采用单项卷面，有的项目采用双项卷面。

2.4.2　试题的类别

　　语言测试的试题可以从不同角度进行分类：

　　1. 标准化试题和非标准化试题

　　标准化考试是一种按系统的科学程序组织、具有统一的标准，并对误差作了严格控制的考试。考试需要做到试题编制的标准化、考试实施的标准化、阅卷评分的标准化以及分数转换与解释的标准化。

　　非标准化试题即由考试者根据某一测试需求自行设计、命题、施测及评分的测试。这类测试一般都没有统一标准，并在小范围内施测。成绩测试和诊断测试属于此类。

　　2. 主观性试题和客观性试题

　　主观性试题又称非客观性试题，它的正确答案可用多种方式表述，评卷主要依靠评卷人的主观判断。一般包括名词解释、简答题、论述题和案例分析以及作文等。

客观性试题是给试题提供正确和错误答案，由被试者从中选择自己认为正确的答案。客观性试题评分标准统一、客观、准确，不受评卷人主观因素的影响，易于采用计算机阅卷，能提高评价速度，降低考试成本，但无法考核学生的组织能力、表达能力及写作能力。客观性试题常用的有判断正误题、选择题、配对题三种形式。

3. 分立式试题和综合性试题

这是根据试题所包含的测试内容来进行划分的。

分立式试题是对受试者掌握的语言知识和语言技能进行分项测试，以考察受试者各个单项的掌握情况。题型包括填空、改错、多项选择等。分立式试题的优点是测试项目有很强的针对性，受试者很难进行回避，因而它容易体现客观性，实现标准化。它的缺点是各个项目测试的结果总和并不能反映受试者的整体语言水平和语言能力，不能全面测量测试对象的言语技能和言语交际技能。

综合性试题是对受试者的整体语言能力（语言知识和语言技能）进行综合性的测试，它全面考察受试者的语言能力。题型包括听力理解、完形填空、写作等。综合性试题不同于分立式试题，它能全面综合考察受试者运用语言的能力，但有些试题如写作、会话，不容易体现客观性，也较难实现标准化。

2.5　语言测试的开发

语言测试的开发是一个系统的过程，这一过程既包括研制测试也包括使用测试。

2.5.1　设计阶段

此阶段需要做的工作：

1. 对测试目的的描述

测试都有区别于其他测试的特定目的，有的是为了评价学生的学业成就，判定学习者是否成功完成了学习任务；有的是为了评估被试的语言熟巧程度，以确定被试能够用语言做什么；有的是为了诊断教学中出现的问题，从而为改进教学提供依据；有的则是预判学习者的能力倾向，以选拔出有潜力学好语言的人才。在设计阶段，必须对具体将要开发的测试的目的和用途作出明确说明，这是防止以后测试被滥用，保证考试效度的重要措施。

2. 对目的语使用范围和需要用目的语完成的任务的确定和描述

一个特定的测试，要求被试使用目的语的范围以及要求被试用目的语完成的任务类型是不同的，因此，在测试的设计阶段，需要对这两个方面都作出明确的概括和描述。我们需要确认每一个能力水平等级的考生可能使用的汉语词汇的范围，制定出适用于不同程度汉语学习者的词汇大纲。同样，也需要确定不同等级的汉语学习者在语言运用的其他重要方面的范围，如使用汉语语法的范围、功能项目的范围等等。

3. 对测试对象的描述

在测试设计阶段，还必须对测试所针对的不同的潜在考生的特征作出尽可能详尽的描述，以提高测试的效度。语言测试的参加者代表的是实际生活中目的语的使用者，因此，我们需要对测试对象在个体特征、知识结构和知识水平、一般语言能力水平等方面的情况作出概括和描述，如描述其年龄、性别、学历或受教育的程度以及母语背景等；同时，还需要对被试的需求作出分析。我们需要确认被试参加测试是为了谋职、求学还是仅仅为了评价自己的语言水平。

4. 定义测试所要测量的结构

对测试所要测量的结构（construct）的定义一般是抽象的，即我们需要在理论上定义所要开发的测试试图测到的语言能力的基本特征。一般来说，我们关于语言测试所测量的"结构"的定义主要来源于我们关于语言能力的理论，而我们所开发的测试应该是我们所要测量的结构的操作性定义。

5. 制定测试的质量监控计划

在测试的开发过程中，需要对每一个具体步骤和开发措施进行质量监控。主要包括信度和效度的评估和监控以及对后效和实用性等方面的评估和监控。

6. 开发资源的分配计划

如要开发一个大规模的语言测试，需要在人力、物力、财力、时间等方面作出合理的开发资源的分配计划，并制定出切实可行的管理办法，以保证测试开发计划的顺利实现。

2.5.2 操作阶段

操作阶段主要有两项工作，一是要编制试卷构成说明，二是制定出测试作业任务细则即题目细则。测试作业任务细则规定测试中所包括的测试任务类型，即试题内容和形式等，而测试试卷构成的说明则要描述各种类型的测试任务以什么样的方式构成一份完整的测试试卷。操作阶段的工作是整个测试开发过程中最实质性的、最具体的，需要深入细致的研究和周密的考虑，需要反复实验和不断修正。

1. 制定测试作业任务细则

测试作业任务细则包括概述（即测试总的说明）和题目细则两方面的内容。概述部分要介绍测试的用途、对象、目的（要考查什么能力）、测试时间等。在题目细则里要包括答题指导语、例题、题目形式及其他题目属性、计分方式等。

如商务汉语考试任务细则的概述部分：

测试名称：商务汉语考试（Business Chinese Test，简称 BCT）

测试对象：第一语言非汉语者。任何一个第一语言非汉语者，从能用汉语进行最基本的交流到能用汉语进行熟练交流的人都适合参加 BCT 考试。BCT 考试对应试者的年龄、学历或学习汉语的时间没有任何限制。

测试目的：考查应试者在与商务有关的广泛的职业场合、日常生活、社会交往中运用汉语进行交际的能力。

测试用途：

（1）为用人单位在人员招聘、选拔、安置、晋级等决策过程中评价相关人员的商务汉语水平提供参考依据；

（2）帮助相关教学、培训机构在招生、入学分班等决策过程中认定学生的商务汉语水平；

（3）评价相关教学单位、培训机构的教学、培训的成效；

（4）为那些求职、应聘，或希望提升职位的人士提供商务汉语水平的证明；

（5）帮助汉语学习者了解、发展自己的商务汉语水平。

测试时间：BCT（听 读）的考试时间约为 100 分钟，BCT（说 写）的考试时间为 50 分钟。

2. 编制试卷构成说明

如果一个测试包括若干部分，那么针对每个部分或每种题型都要分别制定测试任务细则。试卷构成说明主要是确定各个部分的作业任务，根据什么样的设计原则和方式整合在一起，构成一个完整的试卷。在试卷构成说明里，需要明确整个测试包括几个部分，各部分的特点、题目数量、顺序和相对重要性等。下表概括了"新汉语水平考试"笔试部分的测试构成说明里所包括的一些主要信息。

表14   新HSK（五级）考试内容

考试内容		试题数量（个）		考试时间（分钟）
一、听力	第一部分	20	45	约30
	第二部分	25		
填写答题卡				5
二、阅读	第一部分	15	45	45
	第二部分	10		
	第三部分	20		
三、书写	第一部分	8	10	40
	第二部分	2		
共计	/	100		约120

2.5.3   施测阶段

施测阶段要解决两个问题，一是通过施测搜集数据以便对测试的质量作出分析和评估；二是根据测试结果对被试语言能力进行判断，为决策提供依据。

施测包括两个阶段：预测和实测。

1. 预测

预测是指在测试正式投入前，预先把按照测试题目细则编写好的题目让一组对测试目标团体最有代表性的被试来做，然后收集关于测试题目质量的信息，为确定正式施测的题目提供借鉴。预测前，须尽量满足两方面条件：第一，预测的条件要尽可能与正式施测的条件一致；第二，预测的对象必须是正式施测的对象的最有代表性的样本，且样本数量不能太少，最好在100个以上。

预测结束后，要对测试结果进行统计分析，主要是题目分析，检验每个题目的难易度、区分性等是否符合预先设定的标准。

2. 实测

预测的题目经分析后，把符合质量标准的题目筛选出来，按照试卷构成规定的要求拼合成正式的试卷，就可以对测试的目标团体进行正式测试了。

实测以后，要对整个测试的结果进行认真的研究，有定量的研究，也有定性研究。由于是实测，首先需要根据预先设定的分数体系向考生和用户报告分数，然后对测试分数作一系列的描述性统计，以了解整个测试的质量是否符合设计标准，为以后改进提供借鉴。

2.6　语言测试的质量分析

语言测试的质量能否得到保证，可以从信度、效度、区分度、难度四个方面加以考察和评析。理想的语言测试应当在这四个方面的把握上都达到较高的水平。

2.6.1　信度

信度就是可信程度，指测试结果的可靠程度和稳定性。著名心理测验专家 Anastasi（1996）给信度下的定义是同一个人在不同场合参加同一测试或参加内容与难度相当的不同测试其成绩保持一致的程度。信度高的测试，有很好的一致性（consistency）和稳定性（stability）。

试题信度：把同一份试题让学生连考两次，以此确定测试的可靠性，这叫重测法。在一次测试里出两套试题，这两套试题在题量和难易程度上相当。让学生同时做这两套试题，以此确定测试的可靠性，这叫对等法。不管使用重测法还是对等法，其测试结果一致，那就说明这套试题具有可靠性。

评分信度：评分信度指几个评分者所评的分数一致。影响评分信度的因素主要有两个，评分者和评分标准。一群训练有素的评分者，其评分效度具有可靠性，反之，则不具备。如 HSK 的口语测试，除制定了具体、明确的评分标准，长期聘用一些有经验的评分员进行评分，且每次评分前均重新进行测试培训，且利用组内比对、组际重评、抽查、复评等方式监控评分员的评分质量，以增加评分信度。

测定信度有以下几种较为简便的方法：

（1）重测法：用同一份试卷对参加测试的学生进行重复测试，根据两次测试的结果来验证测试的可靠性（信度）。如果两次测试结果，学生成绩的名次基本不变，那就说明这份试卷有较高的信度。如果第二次测试的结果，全体参加者的成绩普遍有所上升，这是自然的现象，不影响测试的信度。但如果某些考生的成绩有突出的变化，以致两次测试结果的名次出现了较大的差异，那就说明试卷的信度不高。用这种方法所测定的信度称为稳定性信度。稳定性信度常易受到学生的记忆能力（是否记住上次所做的答案）和练习效应（是否在第一次测试后自行重做或查对答案）的干扰。因此必须注意两次测验时间的距离，既不能太短，也不能太长。

（2）等卷法：出两份等值（难度和长度相当，题量、题型和排列顺序相同）的 A、B 卷。用 A 卷测试后再用 B 卷测试一次。如果两次测验的结果相同或相近，说明试卷的信度较高。

（3）对半法：这种方法主要用于分列式测试。根据测试目标，试卷由测试项目与难度相当的两组试题组成，分别排列为奇数和偶数的题号。检查试卷信度时，可将奇数题与偶数题分别记分，然后分析这两组成绩的相关情况。两组成绩越接近，试卷的信度就越高。

（4）根据公式求试卷的信度系数系数值在 0～1 之间，一般应在 0.5 以上。系数值越大，信度越高。

影响测试信度的因素很多，主要有：测试的长度、各项试题相似或一致的程度、学生水平的多样性、时间长短等。另外，测试的环境、是否有可靠的监督机制等也会影响信度。

测试的信度通常用一种相关系数（即两个数之间的比例关系）来表示。相关系数越大，信度则越高。当系数为 1.00 时，说明测试的可靠性达到最高程度；而系数是 0.00 时，则测试的可靠性降到最低。一般情况下，系数不会高到 1.00，也不会降到 0.00，而是在两者之间。对信度指数的要求因测试类别的不同而不同。人们通常对标准化测试的信度系数要求在 0.90 以上。例如"托福"的信度大致为 0.95，而课堂测试的信度系数则以 0.70~0.80 之间为可接受性系数。

外语口语测试的信度和效度研究引起了学者的广泛关注。在大学英语口试研究方面，主要有非面试型口语测试的效度、信度和可操作性研究、通过评分规范化与评分员培训对口语测试信度的研究、计算机口语测试的效度、信度和可操作性研究以及三类口语测试任务及其不同组合的效度研究等。与此同时，研究者还对英语专业四级口试的信度和效度以及中国汉语水平考试（高等）口试的信度等进行了研究。此外，邹申（2001）还通过效度和信度两个角度对口语测试的真实性问题进行了探讨。

测试的信度和效度一直也是 HSK 试题编制者所关心的热点，很多研究者都撰文讨论这一问题。陈田顺（1995）通过抽取不同地区的口语试卷，计算相关系数，证明高等 HSK 的主观性考试能有效地评价考生的汉语水平。刘镰力（1997）分析了口语考试中的信度分析，介绍了评分者信度、组际重评信度和间时重评信度。陈宏（1999）利用多元线性回归分析去检验结构效度假设。李庆本、许雪立（1999）运用概化理论的信度观去研究如何实现口语测试评分的误差控制。李慧（2000）描述了阅读理解命题的步骤，即语料的选择、设计提问与编写选项、题目构成的分布和题目最后的生成四步，详细谈了阅读理解命题时的效度分析。柴省三（2002）谈了平行信度的制约因素，分析了HSK（初中等）的平行信度。任春艳（2004）对作文进行客观评分、确定一套客观标准，通过随机抽取样本，处理样本、进行标注和对数据的统计，从而得出客观化评分具有较好的信度及效度的结论，同时验证了词汇等级、语法错误和内容等标准对 HSK 现行的主观等级评分有较好的解释能力。研究者普遍认为口语和写作的测试评分比较主观，所以在这两个领域研究得比较多，研究的问题也是测试开发者关注的焦点。不过就目前而言，研究的深度和广度还是不够的，如何把这些研究成果应用到实践中才是问题的关键，并且在 HSK 之外的汉语考试中如何应用这些研究成果也是一个很重要的课题。

2.6.2　效度

效度即有效性，指测试的有效程度，也就是测试的内容和方法是否达到了测试的目的。

要保证效度，关键是测试的项目和要求要与测试目的相一致。这种一致性具体表现在以下三个方面：（1）该测的当测，不该测的尽量不涉及。（2）该测的部分还要注意是否有缺漏或出现偏题、怪题。（3）要注意试题所包含的内容的代表性、准确度和覆盖面如何。

效度又分为内容效度、编制效度、实证效度、卷面效度。

1. 内容效度（content validity）

内容效度指的是测试在何种程度上覆盖了教学大纲要求测试的内容。这种形式的效度在成绩测试中显得尤其重要，因为这种测试既要反映教学的内容，又要反映教学的平衡性（balance）。内容效度会受到测试的篇幅、测试题目的选择和来自测试的其他方面因素的影响。

2. 编制效度（test-designing validity）

如果测试与它的基础理论相吻合，我们就可以说它具有编制效度。比如，信奉语言能力理论的教师设计一个测试来反映学生的语言能力，如果这个测试反映了它与语言能力理论之间的密切联系，那么我们就可以说这个测试具有很高的编制效度。

3. 实证效度（testing validity）

如果测试的结果与一些外部标准相关，那么我们就可以说它具有实证效度。如果测试的结果与其他有效测试的结果相符合，与其他独立测试的结果相符合，与预先设想的结果相符合，当测试的结果与其他标准（比如以后在特定的工作中获得成功）相一致，那么，我们可以说，这样的测试具有实证效度。实证效度可以被看做是"一致性效度"。例如，中国的 EPT 考试声称是科学的和权威的，因为它的测试结果与美国的托福考试的测试结果是一致的。

4. 卷面效度（testing – paper validity）

卷面效度跟其他形式的效度有所不同，它是建立在观察者主观判断的基础之上的。卷面效度是指试卷的卷面情况对测试结果所造成的影响。虽不涉及卷面内容，但关系到考生是否能发挥其正常水平，从而影响测试的有效性和可靠性。

关于卷面，应注意以下几点：

（1）试卷用语要准确，不致产生歧义。特别强调的词语应使用黑体字或大写字母表示。要注明各题的计分办法。

（2）题型不宜过多，特别要慎用新题型。出现新题型时，应有说明或示例。

（3）试题安排一般应由易到难。

（4）题目中不应含有暗示本题或其他题答案的线索，特别是两个以上教师合出的试题，在拼题时更应注意检查是否存在这种因素。

（5）多项选择题的题干不宜太长，题支（选择项）应排列整齐。题干和题支，应尽可能排列在同一页上。

（6）试卷印刷要清楚，不能出现文字、标点、格式等方面的任何错误。试卷付印前，要仔细检查校对。要把卷面错误绝对消灭在印刷之前，为防万一，印好后还宜核查一次，绝不能在测试时再改正差错。

（7）严格检查份数，密封专人保管，严防失窃和泄密。

如果测试可以考察到它想要考察的内容，那么这样的测试就被认为具有卷面效度。

影响效度的主要因素有：

（1）目的不明确，测试什么不清楚。

（2）命题本身的问题，如试题不明确，要求不明等。

（3）考试的组织管理方面的不足和欠缺。如测试指导语不明确，环境、设备差，考试组织纪律无序等。

2.6.3 区分度

区分度（discrimination）就是试题对受试者的区分能力。其计算公式为：$D = H - L/n$（H 为高分组答对人数；L 为低分组答对人数；N 为一个组人数，一般取正数 27% 或倒数的 27%）。

水平不同的受试者对同一试题的反应之间存在的差异就是试题的区分度。一道试题，如果水平高的受试者答对率高，水平低的答对率低，则试题的区分度高。如果受试者的知识和能力水平有很大的差异，而测试结果却很接近，则说明该测试的区分性差。标准化语言测试需要较高的区分度，而与教学相关的测试则一般不宜如此要求。

如同受试者的同质性对信度的影响，全得满分或零分的测试自然同质，也就不存在什么区分度。如果试题的难易处置不当，势必造成两种情况：或试题难度太高，答对的人太少；或难度太低，人人都能答对。这两种情况都不能检测出受试者的真实水平，毫无意义。因此，要区分受试者的差异，就要控制试题难度，保证一定的比例和跨度，可以把试题按难易程度分为若干等次，从而拉开受试者成绩的距离。因此，标准化的常模参照测试的平均难度应该是 0.5 左右，这样才能保证高区分度。

2.6.4 难度

难度（facility value）指试卷的难易程度。一道试题的难度就是这道题的答对率，就是用答对的人数除以总人数，因此它的取值是 0~1，数越大则难度越低。其计算公式为：$P = R/N$（答对人数/考试总人数）。同一测试的不同试题，如果用于同一批受试者，那么各试题之间的难度是可以比较的。这样就可以根据每一试题的难度计算出整个测试全卷的难度，计算方法就是把所有题目的难度加起来，再除以总题数。试题过难或过易都会影响试题的信度和区分度。

　　难度值在 0 至 1 之间。$P > 0.8$ 时，试题太易；$P < 0.2$ 时，试题太难；$P = 0.5 \sim 0.7$ 时，难度适当。一份试卷应该由不同难度的试题按一定比例组成。一般地说，$P < 0.2$，> 0.8 的试题，各占 10%；$P = 0.2 \sim 0.4$，和 $0.6 \sim 0.8$ 的试题各占 20%；P 值在 0.4 以上、0.6 以下的中等难度试题应占 40%。标准化语言测试一般全卷难度在 0.5 左右，客观性试题由于猜测因素影响，答对率稍高，0.6 左右。

3 作为第二语言的口语测试

3.1 口语水平的定义

口语考试关注的是对口语水平的测量，因此我们必须明确界定口语语言水平（oral language proficiency）的定义。对语言水平大致有两种理解，其一是把它等同于语言能力（language competence），指内化了的语言知识（Ellis，1985）；其二是把它看做学习者使用第二语言的能力（Oller，1979，Bachman，1990；Ellis，1994），我们在这里把语言水平定义在第二种理解的基础上，即学习者使用第二语言的能力。根据对口语交际渠道和语言水平的理解，我们把第二语言口语水平定义为学习者在听说模式的口语渠道中使用第二语言口语的能力。

3.2 口语水平的维度

要科学检测考试者的口语水平，首先要考虑口语考试的内容。如果整个考试科学、严谨，能够用客观可行的方法去测量，那么就能使考试真实反映应试者的口语水平。

首先遇到的理论问题："口语水平或能力的表现是否可分？我们能

否通过各种测试题型客观地反映出来?"在这一认识上,国内近十年的研究都是一致的,即口语的水平和能力是可分的,且能够客观化。

既然口语水平和能力是可分的,那么应该从哪几方面去评价口语水平呢? 国内外口语研究者们纷纷提出了自己的看法。大家多认为口语水平具有多维性。口语水平的多维性在评分中必然涉及从哪几个方面(不同维度)评价口语水平的问题。不同的语言学家对口语水平基本维度有不同的观点。有的认为应从语音(pronunciation)、语法(grammar)、流利性(fluency)和理解力(comprehension)四个方面评价口语水平,有的主张从语音、语法、词汇(vocabulary)、准确性和可理解性(comprehensibility)五个方面来衡量口语水平。有的学者认为口语交际是以内容为基础的,是建立在信息差之上的交际,因此可以通过对被试者掌握信息点的程度来评价其口语水平。(刘颂浩,钱旭菁,汪燕,2002)还有学者认为口语水平需要考虑准确性和流利性两个方面,其中准确性测试的是陈述性知识,即回答关于"是什么"的知识;而流利性测试的是程序性知识,即回答关于"怎样做"的知识(邬易平,2001)。英国的 IELTS 口试要求从语音、语法、词汇、流利性和连贯性四个维度来评价口语水平。美国的 ETS 的 TSE 口试要求从语音、语法、流利性和可理解性四个维度来评价口语水平。FSI(美国外事协会)口试则规定从语音、语法、词汇、流利性和理解力五个维度评价口语水平。王佶旻(2002)根据国外对这两种考试考察诸方面的实证性研究,提出发音、语法和流利性是学习者口语水平的表现。我国大学英语口语 CET-SET(College English Test-Spoken English Test)则从准确性、语言范围、话语长短、连贯性、灵活性和适切性六个维度评价口语水平。目前我国汉语水平考试 HSK 的口试从内容、语音、语法、词汇、流利性和得体性六个方面的总体表现,按照汉语水平口试五级标准的描述,采用综合评分法,为每个考生打一个等级分。

由此可以看出,目前语言学界对口语水平基本维度的看法并不一致。至于不同维度在口试分数中所占的权重分别有多大就更没有公认的标准了。

综上所述，评价口语水平涉及多个维度：语音、语法、词汇、内容、准确性、得体（适切）性、流利性、连贯性、灵活性、可理解性。但即使在主要维度上达成共识，在某个维度的操作性定义上还会有不同看法。

3.3 口语测试的设计原则

语言是交际的工具，学习英语的目的是获得以英语为工具参与国际交际的能力。语言交际可以粗略地定义为通过语言交换信息，语言交际一定发生在人和人之间，因此涉及参与交际的人、交际目的、情景、场合、相互关系等等，语言交际的这种交互性在口语交际中表现得尤为明显。口语考试要准确地反映口语交际的能力，必须充分反映口语交际的这些本质特征，因此，韩宝成（2000）认为，设计口语考试时应遵守以下原则：

1. 一致性原则

众所周知，语言测试的目的是根据被试的考试分数对其语言能力做出推断。此时必须能够证明被试的测试行为与在具体场景下的语言使用存在一致关系。要做到这一点，需要设定一套理论框架，使我们能够考虑把被试的测试行为视为语言使用的一个特例。不管我们是自己设计、开发一项测试，还是采用他人开发的测试，都需要证明语言使用任务与情景特征和测试任务与情景特征之间存在一致关系；此外，还要能证明无论是语言使用者还是被试，他们之间也存在一致关系。

2. 有用性原则

设计、开发语言测试的第二条原则是，测试工作者要对测试有用性（test usefulness）的性质有一个正确的清晰的定义。在巴克曼（Bachman）看来，语言测试的有用性包括六个方面的特性，即信度（reliability）+效度（validity）+真实性（authenticity）+交互性（interactive-ness）+影响（impact）+可实践性（practicality）。

3. 真实性原则

语言测试的真实性指目标语言使用任务特征（target language use task）与测试任务（test task）特征的一致性。一致性越高，测试的真实性就越强。真实性是语言测试的一个重要特征。

4. 互动性原则

与其他测试不同，口语测试对测试的互动性要求更高，甚至可以说，互动性是口语测试有效性的前提。口语测试中互动性体现在两个方面：考生与考试任务之间的互动性以及考生与主考教师之间的互动性。口试时教师除了关注学生的语音、词汇、语法等形式问题外，内容问题也是不能回避的。合适的话题才能让考生有话可说，互动悄然开始，交际也就在模拟情境中顺利完成。因此，在设计口语试题时需要注意以下几点：第一，考试涉及的话题是考生所熟悉的，在短时间内能做出反应；第二，话题需体现思维，诸如"朋友生日送什么礼物"、"圣诞节怎么过"这些话题考生是有话可说的，对初级水平的学生比较适用，但对中、高级水平的学生而言，就无法有效地激发他们的表达兴趣；第三，体现思维的话题也应符合考生的情感模式。比如，"对我影响最大的人"这个话题就太突兀，试题目的太明显，好像一定得有这么个人存在。

杨惠中（1999）则提出设计口语考试时应做到：

（1）提供真实的交际情景（situation），通过需求分析确定考生需要使用英语和可能使用英语的场合。考试内容涉及的话题（topics）应当既是考生熟悉的，又是考生有话可说的；

（2）创造真实的交际语境（contextualized），考生在说话的时候要以一定的角色、对一定的对象说话，达到一定的交际目的；

（3）充分体现语言交际的交互性，信息的获取和信息的表达都是在参与交际的各方之间互动地完成的；

(4) 语言能力是交际能力的基础，只有熟练掌握必要的词汇和语法才可能有效地进行交际，但对语言交际能力的测试却不能从语言形式出发，也就是说，设计口语考试必须以信息为出发点，而不是以语言形式为出发点。对语言形式的控制主要是通过语言交际功能来体现的，教学大纲中列举的交际功能是通过需要分析确定的，在设计交际情景的时候应尽量体现这些交际功能。

3.4 口语测试的基本方式

根据测试的组织形式，口语测试可以分为直接口试（即面试）、间接口试和半直接口试三种方式。这三种方式各有优缺点。

（1）直接口试是考官对被试者进行直接面试，考官直接参加交际，考官与考生面对面地进行对话，测试考生能否针对考官的提问用目标语有条理地表达自己的想法，以及能否根据考官的交际要求作出恰当的反应。直接口试具有交际真实性、情景真实性和语言真实性的优点。测试的目标比较直接、明确，也有较高的表面效度。但由于考官要身兼数职，既要控制考试顺序，又要扮演交际角色，还要担当评分员，在测试的同时还要根据评分标准对被试的口语表现作出及时的评估，考生的口语水平也易受考官的语言水平和情绪所影响，因而直接口试评分的主观因素影响较大，信度不高。由于直接口试受到考官人数、考试场地，以及设备等因素的限制，耗时长，对人力、物力的要求高，实际操作会有一定的困难，不太适合大规模的口语测试，考试只能在较小的范围里进行。

（2）间接口试有两种方式。第一种方式是通过笔试来测量考生的口语水平，即根据考试所测量的某种能力与命题者真正关心的另一种能力之间的关系来间接推断被试者的口语水平（Bachman，1988）。但是懂得如何讲一句话和在交际中实际讲出的话是有很大区别的，因此这种间接口试形式的效度很低，不能反映口头交际的真实性和考生的真实水平，在现代语言测试中，已基本不用。（柴省三，2003）第二种形式是使用先进的录音设备进行口语测试。它的优点是同时可以测试大批量的考生，节省人力与物力，适合大规模、标准化考试，考生口语水平的发挥不受考官语言水平和情绪的影响，相同考题同时施测，保证了测试的信度。其缺点是考生在语言实验室内参加考试，缺乏交际的真实性和互动性。如果考生语言资料不足或磁带录音不清晰，就难以评分。

上海市 2000 年高考英语口试曾采用此方式，利用语言实验室，以计算机辅助的方式对大批量考生在同一时间内使用同一套试题进行测试。蔡基刚（2005）对大学英语四、六级计算机口语测试进行了调研，发现其效度和信度都超过面试型口试。而且计算机口语考试实施效率高，有利于大规模的口语测试。

（3）半直接口试（semi – direct test）将直接面试与间接口试合二为一，采用了直接面试中的面试形式和间接口试中的录音评分方式，即在保留直接口试部分优点的基础上，采用了客观性考试的施测程序，考生在相同的时间内，按照统一的考试程序，完成相同的口试任务，考生的口试表现被录制在磁带上，考官和评分员由不同人员担当，因而这种测试形式综合了直接面试和录音口试的优点，如面试有一定的交际真实性；一个考官可以同时测试若干考生，可行性较强，适合大规模语言测试；测试任务相同，测试的公平性可以得到充分保证；评分过程与施测过程分离，评分工作可以由专业评分员集中完成，对评分的质量可以进行有效的监督；录音磁带可以反复听等。但也有缺点，一是费时费力，二是考生口语水平的发挥会在一定程度上受考官情绪、语言水平和测试技巧的影响，另外，不同考官和评分员在考试和评分过程中与学生的互动和对学生的评分也会受到主观情绪的影响。

综上所述，直接口试和半直接口试各有利弊。前者更侧重对口语交际能力和交际策略能力的考核，而后者则是以牺牲部分交际真实性为代价来提高测试的可行性和评分的可靠性，因而比较适合大规模口语考试。

随着语言理论的进一步发展和科技的进步，经过不断探索，也会出现更多，更普及，更科学、客观、经济的大规模口语测试模式。

3.5 口语测试的评分

口语测试的评分即评分员采用某一特定评分方法、根据既定的评分标准和评分细则、参照口语水平量表对口语测试的表现或言语样本等级所做的描述，对被试的口语水平作出主观判断并赋值的过程。

在口语测试中，评分问题始终是研究者最关心、学术界最有争议的环节。不论是直接口试的即时评分，还是半直接口试的集中评分，无论采用分立式评分法，还是采用综合评分法，对被试者的口语水平的最终评价始终无法摆脱评分员的主观判断误差的影响。不同评分员之间、同一评分员在不同的心理和情绪状态下，对同一考生口语水平的判断往往存在一定程度的不一致性（Lievens，2001），这种评分误差源于两个方面，一是口语水平的多维不确定性，二是评分员的主观判断的差异性。（柴省三，2003）

3.5.1 口语测试的评分方法

评分方法是测试过程中至关重要的环节。在现行的口语测试评分方法中，评分员往往要根据整体或分项评分量表通过某一特定的数值对考生的表现进行评价。如果评分方法不能做到科学、客观和具有可操作性，则很难保证像口试这样的主观性考试的信度和效度。

目前各大型口语测试所采用的评分方法主要有分解/分项评分法（analytic scoring）、整体/综合评分法（ holistic scoring）、任务分项评分法（ item analytical scoring）、记错减分法（subtractive scoring）和加分法（additive scoring）。

1. 分解/分项评分法（analytic scoring）

这种评分方法是指评分者从考生口语水平的不同维度分别对其口语表达能力进行评分，然后根据每个维度的得分算出口试总分，如托福口试以及中国大学英语口语测试（CET－SET）就是采用这种评分方法。托福口试是从总体可理解度、语音、语法、流利程度四个维度来评分的，而 CET－SET 是从语言的准确性和范围、话语的长短和连贯性、语言灵活性和适切性三个维度对考生的口语水平进行评估的。

2. 整体/综合评分法（ holistic scoring）

这种评分方法是指评分者按一定的标准，根据自己对考生口语水平的总体印象进行评分，如香港英语口试采用的就是这种评分方法。这种评分标准侧重于受试的交际能力，要求评分员对一系列指标同时进行评价。

3. 任务分项评分法（ item analytical scoring）

这种评分方法就考生对每项口试任务的完成情况（如内容和语言表达情况等）分别评分，然后再根据每个任务的得分算出口试总分，如我国英语专业四级口试采用的就是这种评分方法。

4. 记错减分法（subtractive scoring）

这种方法是指评分者通过观察应试者的口语表现，从总分中为每一个错误减掉一个分数，直到减到 0。可以总体按一类来记错减分，也可分不同类别来记错减分。比如，口语测试评分时，我们可以按语法、词汇、语音等不同类别为应试者记错减分。记错减分法应用起来非常简单，这种方法要求有意识地培训评分员，以保证每个人在是否有错误方面趋于一致。当评分员达成一致时，这种评分方法十分可靠。而且，它还给了主要错误与次要错误不同的分值，这对应试者来说比较公平，但评分员在区分什么是主要错误，什么是次要错误方面存在很大困难。这种方法通常用来为结构、词汇等项目评分，不适合为抽象的、不可能有一致看法的项目，如内容、风格等评分。它引导评分者注重寻找应试者口语表现中的错误，忽略了对整体口语水平的考察。所以这种口语评分方法应该与其他方法结合使用。

5. 加分法（additive scoring）

与记错减分法相反，应用这种口语评分方法时，评分员需准备一份各评判项目的列表，为应试者的每一个正确的表达加上一个分数，应试者从零开始，一项一项地得到分数。如果测验能清楚地分为几项特征，这种评分方法会非常可靠，而且操作简单。如果应试者说的都是同一主题，这种方法是可行的。

以上几种方法，都各有自己的优缺点，无法确定哪一种更好。在实际的口语评分中都可以应用。但许多大型的口语测试大多采用的还是综合评分与分项评分两种方法，或者采用两者结合的方法。

为了减少评分的误差，可以采用双人评分（double marking）或者多人评分（multiple marking），就是两人或者两人以上分别为同一名学生评分，得分取评分人给的分数的平均分。如果教师有较高的水平，能够掌握评分标准，而且搭配适当，可以明显提高评分质量。普通话水平测试（PSC）和 HSK 高等口试评分等就是采用这种方法进行评分的。

以上评分方法，还可以结合使用。比如：HSK（高等）口试部分采取的是综合式评分的办法，但三人一组，集体阅卷，独立给分。若三人所给分数都在一个等级内，则取平均分。若任意两人评分分差过大，则需要交由专家组复评。在评分的过程中，为使评分更标准、更客观，HSK（高等）还通过一系列规定来指导评分员的评分，例如：

（1）首先按照口语考试 5 级标准，对考生进行试评，各选出 5 个标杆样本，作为口试阅卷评分的总体参照。

（2）为了使分数能更准确地反映考生的实际水平，评分时，将 5 级分数分解成 12 小级：5，5 －，4 ＋，4，4 －，3 ＋，3，3 －，2 ＋，2，2 －，1，0。5 级没有 5 ＋，1 级没有 1 ＋ 和 1 －。

（3）为了减少由时间造成的对标准把握的评分误差，评一段时间，则重新熟悉标杆样本，以保证把握标准的准确性。

（4）为了加强评分信度，评分过程中进行两项重评信度实验研究：

A. 对于同一组答卷，一个评分组评阅后，由另一个评分组重评，进行组际重评。

B. 对于同一组答卷，一个评分组评阅后，过一段时间，本组进行重评，进行本组重评比较，以不断调整对评分标准把握的准确性，保证评分信度。

国内学者对口试评分方法也从不同方面做了一些相关研究，包括英语专业四级口试的可行性研究（文秋芳、赵学熙，1995）、分解评分法不同维度的同质性研究（文秋芳、赵学熙，1998）、录音口语测试研究（熊敦礼，2002）、口试评分的信度研究（聂建中、王正仁，1997；李庆本、许雪立，1999；郭茜等，2003；柴省三，2003）、英语口试的模糊评分法研究（张文忠、郭晶晶，2002；易千红、曾路，2004）等。其中文秋芳、赵学熙介绍了分解评分法（托福口试）和整体评分法（香港英语口试）的优缺点；熊敦礼等则涉及不同评分标准（能力分项评分、题型分项评分和总体整体评分）的比较。但是熊敦礼等在评价不同评分标准时与香港考试局在监控考官评分可靠性①时一样，采用的是口试与笔试成绩的相关分析来证明口试成绩的可靠性，以此确定哪种形式的评分结果为最终口试成绩。我们认为采用与笔试成绩的相关分析来检验口试评分标准效度的方式值得商榷。众所周知，在外语环境下学生的口头表达能力和英语知识的掌握程度是极不平衡的，一些研究就表明高考考生口试成绩的好坏与其高考英语成绩的高低关系不大。

金檀等（2008）对口语测试模糊评分方法进行设计及实验研究。在分析不同口语测试评分方法的基础上，将语言测试理论与模糊控制理论相结合，提出了口语测试的三种模糊评分方法：（1）整体主观模糊评分法；（2）分项主观模糊评分推理法；（3）分项主观模糊评分加权

---

① 香港考试局通过检查一组考生的口试成绩与其笔试的相关性来监控考官评分的可靠性。如果发现某一组考官所面试的学生成绩与笔试成绩相关很低，这就说明这组考官中有人评分能力比较差。如有必要，将该考官所给的成绩作废，用另一考官的成绩（文秋芳、赵学熙 1995）。

法。他们采用这三种模糊评分方法对 34 名汉语言专业留学生进行实验，结果表明，三种方法所得的分数均服从正态分布，之间没有显著差异，并且与现行评分方法所得的口试分数、笔试分数之间分别呈显著相关及切实相关关系。

综上所述，目前语言测试专家们对评分系统有不同的看法和做法。有的试图用精确的数学方法来描述口语能力，以提高区分度，这也是现行常用评分模式。有的认为口语能力是一个模糊事物，用精确数学方法反而难以精确。因此引入模糊数学的模糊集合、论域和隶属函数这三个概念，将内容、语法、流利性、合适性等因素纳入考察项目。并认为，口语能力不论单项能力还是总体能力，均对应于一个面，而不是一个点。（张文忠，2002）有的主张将口语测试的评分过程视为模糊决策过程，从而将考官的评语按优、良、中、较差、差（五个等级）建立模糊子集，将口语测试的排序结果转化为评分成绩。这种模糊评分过程减少了人为因素的影响，评分过程更客观。（易千红，2004）

命题、施测和评分是口试系统的三个基本维度。命题质量无疑会影响口试的效度和信度，施测维度对口试的影响主要体现在施测方法的科学性、施测程序的合理性及考官素质等因素上。评分维度对口试的影响主要体现在评分标准的一致性和准确性上。评分的主观性最大，其中评分误差的控制对口试的信度的影响最大。所以要通过对评分员、评分方法和评分形式对评分结果的影响进行动态性和追溯性评估，以提高评分的一致性和准确性。（柴省三，2003）

王佶旻（2002）提出，在第二语言口语考试中，研究者们最关心的就是评分问题。现行的口语考试大多采取评分员等级评分的办法，这种评分办法主观性较强，难以保证评分信度，同时也难以对考生之间的水平差别作比较精确的区分。对于同一个言语样本（speech Sample），不同评分员之间、同一评分员在不同时间所做出的评判有显著的差异（Lumley & McNamara，1995）。因而，如何最大限度地排除评分的主观性，提高评分的客观化成为摆在我们面前的难题。虽然许多学者和研究机构对此问题进行过研究，但这些研究多数是针对评价口语水平的不同等级量表展开的，因此并没有摆脱主观评分的局限，而且大多集中于英语作为第二语言的领域，对汉语作为第二语言口语考试评分问题的研究还不太深入。为此，有必要对汉语作为第二语言口语考试的评分问题进行探讨，以期找到客观化的评分方法，提高口语考试评分的科学性。

3.5.2　评分员

口语考试一般采用的是主观性试题，因此口语考试的信度和效度在很大程度上取决于评分员的质量。口语测试的评分具有主观性，因此确保评分模式和评分过程的信度就十分重要。影响口试评分信度的一个因素是上述不同维度和不同权重造成评分行为不一致。另一个重要因素是评分员的认知因素。虽然在评分实践中一般对口试评分维度有明确的操作规定，但是由于口试评分过程是评分员内隐的主观判断过程，因此，评分员心理图式的负迁移作用对评分信度的影响不容忽视（Lievens，2001）。由于评分员的语言学理论水平、学术观点和个人性格不同，在长期的科研和教学经历中，不同评分员对口语水平的认识形成了各自独特的心理图式。不同的心理图式具有不同的维度结构，评分员对每个口语水平所赋予的心理权重有较大差别。在评分过程中，由于受心理图式的影响，不同评分员所关注的焦点不同，有的较关注语法形式的正确性，有的更关注言语表达的流利性，还有的更看重口头交际的得体性和可理解性。尽管在评分时可以通过评分标准和评分细则来约束评分员的评分行为，但是评分员之间评分的主观性差异始终存在。对此，有些学者对评分方法进行探索，建议采用分解评分法对口语水平分的不同方面分别评分，以减少评分误差。不过，实证研究证明（文秋芳，1999），在采用分解评分法时，评分员的注意力难以同时分配在内容、词汇、语法和流利性等不同维度上，而且不同口试任务的权重难把握，因而被试者口试的最终得分组合具有很大不确定性。卡迪和基弗（Cardy &

Keefe，1990)，费斯克和戴尔（Fiske & Dyer，1985）等人在对口试评分进行概化分析时发现，只要对评分员进行精心挑选和系统培训，采用综合评分法比采用分解评分法在评分准确性、评分信度和维度区分性等方面更具优势。因此，提高评分信度的理想做法是，采用综合评分法并对评分员进行完整、系统的培训。在评分专家和命题人员的指导下，通过对培训样卷的试评，帮助评分员修正原有的图式或建立以评分量表登记描述为基础的新图式，进而通过影响评分员的认知模式来提高评分的信度。

柴省三对 HSK 口试评分信度做了实证研究。(柴省三，2003)

研究表明，造成评分员评分不一致性的原因主要有三点：

（1）对标准的不同解释。不同的评分员或同一个评分员在不同时间对标准的把握都会不同。

（2）评分员严厉度不同，有的评分员对标准的把握严些，有的松些。

（3）其他无关因素的影响。比如，如果评分员以前认识某个应试者，应试者以前的表现可能会影响评分者。巴克曼和帕默认为，解决评分不一致性问题的有效办法是对评分员进行培训。（Bachman & Palmer，1996）安德森等人（Anderson et al，2002）指出，评分员培训首先必须要有明确的、可操作的评分标准，其次要选定标杆样卷，标杆样卷要能够正确反映各个分数段，而且要覆盖分数全距；此外，也可以选出一定数量的"问题卷"，即较难判分的卷子。最后用标准样卷和"问题卷"对评分员进行培训。

巴克曼和帕默建议按照以下步骤来培训评分员：

（1）一起阅读、讨论评分标准。

（2）查看专家以前评过的语言样本，讨论专家给出的评价。

（3）练习为不同种类的语言样本评分，然后同有经验的评分员的评分相比较，讨论评分标准如何应用。

（4）评价语言样本并讨论。

（5）每个评分员都对同一个语言样本作出评价。

（6）挑选能够提供可靠和有效的评价的评分员。

对评分员进行培训能够把评分员在标准掌握上带来的干扰降到最低，大大提高评分员对标准的解释和把握的一致性。

美国的 OPI 对于主考官的要求是很高的，主考官需要接受严格的培训。由热身（Warm-up），摸底（Level Check），探顶（Probes），结束（Wind Down）组成的 OPI 也只有在经过培训的考官控制下，其评价标准才能显示出较强的操作性。由于 OPI 中考官的提问往往存在随意性较大的问题，因此一些学者专门对对外汉语测试中提问的技巧进行了研究。他们认为热身阶段应该创造自然、轻松的测试气氛，摸底和探顶阶段应该是循序渐进式的提问，结束阶段应该让考生觉得已经发挥了最好水平，没有什么遗憾。考试中考官应该注意做到以下几个方面：

（1）考官的语速要正常；

（2）考官要不断为考生提供说话的机会，交流的回合要多一些；

（3）考官要有耐心，不要有明显的情绪变化；

（4）考官应表现出对考生所说内容的兴趣，并适时地给予鼓励。

考官也要防止以下一些问题：

A. 不要在考生说话过程中纠错；B. 不要对考生进行任何提示和帮助；C. 不要以语言教师的身份主持考试；D. 不要打断考生的讲话，除非特别必要；E. 不要在考生之间进行比较。（邓秀均、丁安琪，2003）

3.6　口语测试的反拨作用

在语言教学和语言测试两者的关系中，教学是第一性的，测试是为教学服务的。但是测试对教学有极强的"反拨"作用，科学的测试能够及时检验教学效果，反映出教学中存在的问题，并推动教学向着正确的方向发展。一般来说，只有当语言评估应用于与之息息相关的教学目标时，语言评估才有意义。反之，则失去其意义。因此，开发一个具有坚实理论基础的、信度高、效度也高的口语能力测试系统，必将有助于在实际教学中加强对口语能力的训练和培养。

要使测试起到积极的反拨作用，可以从两方面加以努力：一是测试项目、内容和试题题型的选择要有利于指导课堂教学；二是测试标准和试题难度都要适度，这样才能有利于教学水平的提高。

4 国外主要语言测试中的口语测试

目前在国内外影响较大的口语测试有以下几种：

1. 美国教育考试服务中心 ETS 的英语口语测试（TSE-Test of Spoken English）

2. 美国外语服务中心 FSI 的口语能力面试（OPI-Oral Proficiency Interview）

3. 美国新托福（TOEFL）中的口试

4. 英国的国际英语水平考试（IELTS-International English Language Test Services）中的口试

5. 英国的剑桥商务英语初级证书考试（BEC-Business English Certificates）中的口试

6. 中国汉语水平考试 HSK 的口语测试

此外，德、法、俄、日、意、西班牙等语种也有各有关国家政府委托相关机构制定和实施的针对非母语者的语言测试。这些测试有的也含有口语测试的项目。对这些考试中口语测试部分，我们将就其考试宗旨、考试方式，试题形式和内容以及测评标准等方面，择要介绍，以资借鉴。

4.1 英语作为第二语言测试中的口语测试

4.1.1 口语能力面试（OPI – Oral Proficiency Interview）

1. 考试宗旨

美国政府在50年代初期，为鉴定政府工作人员的外语口语能力，委托美国外交学院FSI（Foreign Service Institute）制定了一项简称OPI的测试。OPI全称"Oral Proficiency Interview"，可译作"口语能力面试"。OPI是由FSI提出的一种语言测试方法，多年来在全世界几十种语言中适用，测试层面包括语音、流利程度、语法、词汇量、社会语言学及文化知识等，对识别和逻辑等能力逐条划分等级，对话语前后一致的问题采取全面综合的原则。考试主要分为4个口语能力层次共10个级别：初等（Novice）低，中，高；中等（Intermediate）低，中，高；高等（Advanced）低，中，高；优等（Superior）。

2. 考试方式

考试采取面对面或电话面试的形式，评估实用口语能力。考官先问合宜的问题，按照考生所显示的口语能力调整问题的难度，从而找到语用能力的下限与上限，取得一个可以评估的口语样本（A Ratable Speech Sample）。根据口语样本与评估标准为口语能力定位。

3. 口试形式与内容

OPI全程一般为30分钟左右，分为四个部分，即"热身"（Warm – Up）、"摸底"（Level Check）、"探顶"（Probes）和"结束"（Wind – Down）。每一部分的设置，都是从心理学、语言学及语料的可评估性三方面考虑的。

OPI测试的理论根据为结构主义语言学。

热身：目的在于创造一个随和的交流气氛，通常采用的方式是让受试人自我介绍。因为自我介绍是外语课最早学习的内容，受试人易于完成，这也为进一步交谈做了铺垫。从心理学角度看，"热身"有助于消除受试人的紧张心情。从语言角度看，"热身"有助于受试人，特别是那些久未以口语形式使用受试语言的人，逐渐恢复对应试语言的掌握。同时，这一部分也有助于主考人初步把握受试人的听说水平等级。

摸底：目的在于探索受试人口语能力的最高水平线和最能正常发挥的水平底线。从心理学角度看，主考人可以通过这一部分证实受试人的真实能力。有时主考人在"热身"部分得到的印象可能是不准确的，这会造成他在"摸底"部分的起点过低或过高。起点过高是尤其需要避免的。因为主考人可以很容易地把口试难度由低提到高，而发现起点过高后再降低，很容易给受试人造成挫折感，这是与 OPI 的基本原则相左的。从语言学角度看，主考人需要从深度与广度诸方面考查应试人的语言能力。

探顶：基本目的在于确认应试人口语能力的最高点。从心理学角度要求，如果"探顶"部分做得成功，每一个应试人在 OPI 结束时应觉得自己在这一测试中已达到了能力极限而无遗憾。主考人应至少进行三四次不同方面的尝试，如设置复杂的问题或场景，让受试人提问、陈述、描绘或论证一个观点等。"探顶"部分应提供清楚的例证来说明受试人语言能力的极限。这种极限的表现形式通常是语流的突然中断，找不到恰当的词语，或语法错误引人注目地增多。"探顶"这一部分不可或缺，没有这一步，有些受试人会觉得自己已经精通受测语言。"探顶"也使主考人能解释为什么某一受试者不能被评定为更高一级水平，并能为其指出提高口语能力的努力方向。

结束：这一部分的目的主要是从心理学方面考虑的，即让受试者在努力达到自己口语能力的极限之后，留下一种没有遗憾的感觉，恢复原有的信心。通常的做法是带领受试者回到其能够持续表现的最高水平线上。当然，最后一次从某方面确认受试者的能力，也是"结束"这一部分的目的之一。在 OPI 结束时，主考人应该能对受试者的口语能力得出一个可信的评定。

4. 测评标准

让参与评分的考官在评分结束后重新听取口试录音，对自己的评分过程做出口头报告（verbal report）。通过定性和定量研究发现，不同考官在评分过程中可能侧重评分标准的不同方面。

从以下 4 个方面来评价。

执行任务：用语言执行真实生活中的任务。

话题范围：对话或交流时的语境和话题。

准确程度：信息传达的质量、接受程度和准确度。

语言形式：篇章结构组织。

表 15　OPI 的评分标准

级别	执行任务	话题范围	准确程度	语言形式
初级（Novice）	套用已经学过的素材：单词、短语。没有真正的沟通能力。	说出基本物品名称、颜色名、身体部位及器官名称、家庭成员、称谓、服装、天气、时间、数字等。常提的问题如"你是从哪儿来的？""今天是什么日子？""今天天气怎么样？"等等。	常与外国人来往的人也听不懂，基本上不清楚，尚不能应付简单的社会交际。	单词与短语。
中级（Intermediate）	可以用问答方式保持简单面对面的谈话，可以制造自己的语言（非教科书中语言）。	与个人生活环境有关的题目，个人情况及日常生活，可以谈论饭馆、旅店、邮局、钱财、方位、交通等问题。	常与外国人来往的人可以听懂。	用句子、句群进行表述，可以把学过的语言根据需要进行"创造性"的组织，可以提问题并参与简短谈话，可以应付简单的生活环境。

续表

级别	执行任务	话题范围	准确程度	语言形式
高级（Advanced）	能描述、叙述现在、过去与未来发生的事情。	个人生活中的活动与所发生的事情，具体介绍个人背景、谈论家庭、兴趣、工作及当前事件。	一般的人都能听懂。	句段式的语言，较自如地连接句群、运用语段，可以进行比较、陈述、描摹、指示方位、论说，能应付平常熟悉却又较复杂的情形。
优级（Superior）	能制造极多的句段语言；能支持论点、讨论抽象的题目；能假设。	论题面极广，包括具体与抽象、熟悉与不熟悉的各种论题，实际社会问题、抽象话题、专业、特别的兴趣等。	语误不影响交流；没有定型与惯现的错误。	连接的句段。

表 16　三个次要口语能力层次（Sub – Ranges）

次要层次	口语能力
低（Low）	在某一主要层次中有持续稳定的表达能力，但语言结构简单；勉强及格。
中（Mid）	在数量与质量上都确实达到了该层次的标准。语言中已经出现一些紧邻更高层次中语言的特色。
高（High）	超过一半以上的口语已经达到紧邻更高语言层次的功能，但不能持续而稳定地在紧邻更高语言层次中进行口语活动。

从测试的效度和信度两个层面来看，OPI 这种测试方法只适合小规模测试。为弥补这种考试的不足，美国应用语言学中心的研究人员开发

了以计算机技术为基础的、用于大规模测试的评价系统——计算机口语水平系统（COPI），是对以磁带为依托的 SOPI 的改进。COPI 的任务库储存量大，话题广泛，同一任务设计了适合不同性别、年龄和职业的人，考生可以通过考试前输入的个人信息与题库中的任务进行匹配，在计算机的帮助下选出最适合自己的话题。其次，COPI 允许学生选择任务/话题的难度等级。第三，COPI 允许考生自己掌握准备时间和作答时间。在听到一个任务指令后，考生可以就某一任务/话题进行准备。当按下"我准备好开始讲话"按钮时，计算机就会开始录下应试者的口语表现，当考生结束某一任务/话题时，他只要按下"我已完成讲话"按钮即可。第四，COPI 采用计算机评分，减少人为因素所导致的评分不公正现象，比较客观。考生的口语水平等级由计算机根据考生所选择的话题难度等级及其口语表现而定，共分四级十等：D（优秀）优秀，C（高级）高级＋、高级和高级－，B（中级）中级＋、中级和中级－，A（初级）初级＋、初级和初级－。

4.1.2 托福考试（TOEFL – Test of English as a Foreign Language）

TOEFL，中国人译为"托福"，是由美国教育考试服务处 Educational Testing Service（ETS）举办的为申请去美国或加拿大等国家上大学或入研究生院学习的非英语国家学生提供的一种英语水平考试。美国教育考试服务处于 1965 年开始承办此项考试的管理工作。本章节着重介绍含有口语测试内容的新托福网络考试（TOEFL IBT）。

1. 考试宗旨

TOEFL IBT（Internet Based Test）是 2005 年 9 月美国教育考试服务中心在全球推出的一种全新的综合英语测试方法，旨在能够反映在一流大专院校教学和校园生活中对语言的实际需求。它要求考生具备整合读、说、听、写的能力，学习以英文作全方位的沟通，不再以因记忆艰深的词汇或钻牛角尖的文法结构为出发点而缺乏在日常生活、职场及学术活动中应用英语的能力。

2. 考试方式

新托福由四部分组成，分别是阅读、听力、口试、写作。每部分满分 30 分，整个试题满分 120 分。

口语考试是新托福新加入的部分。整个考试中，考生需完成包括多种技能的任务，如读和听后回答问题，听后回答问题等。口试采用间接式口语测试方式。考生要戴上耳机，通过录音，录下自己的答案。考官根据录音评分。考试时间为 20 分钟。

3. 口试形式与内容

这个部分共有 6 个任务，包括独立回答题（independent speaking task）和综合性回答题（integrated speaking task）。试题含关于个人简历和爱好的问题，也有需要综合阅读材料和听力短文内容而回答的问题。考生需能够清楚、完整及准确地复述内容、解释想法和阐释观点。

口试题的题材选自下列情景：大学课堂、教授与学生的互动、实验室、办公室、课堂小组讨论、日常生活中常见的题材（如在书店里与店员对话、学生在教务处与行政人员对话）。

六道口试题中，第一、二题要求考生就某一话题阐述自己的观点。第三、四题要求考生首先在 45 秒内阅读一段短文，随后短文隐去，播放一段与短文有关的对话或课堂演讲。最后，要求考生根据先前阅读的短文和播放的对话或课堂演讲回答相关问题，考生有 30 秒钟的准备时间，然后进行 60 秒钟的回答。例如，短文中描述了对学校体育馆进行扩建的两种方案，对话中一位同学阐述了自己的立场，即赞成哪种方案，反对哪种方案，并列举了若干理由。要求考生叙述对话中同学的立场并解释他/她列举了哪些理由支持这一观点。

第五、六题要求考生听一段校园情景对话或课堂演讲，然后回答相关问题。考生有 20 秒钟的准备时间，之后进行 60 秒钟的回答。例如，先播放一段市场学课堂教授的演讲，演讲中教授列举了两种市场调查的方法，然后要求考生使用教授演讲中的观点和例子描述教授列举出的两种市场调查的方法。

考生可以在听音过程中记笔记以帮助答题。在准备和答题时，屏幕上会显示倒计时的时钟。

4. 测评标准

以人工批改的方式，对考生的口语能力进行公正、严格的评分。考官将根据考生回答六个问题的表现，给予 0～4 分。考生对话题的展开程度、口语的流利程度、发音的清晰程度以及回答内容与话题的切合程度是评分的重点。这些测评标准比是否有地道的英语口音更重要。

表 17　Independent Speaking 评分标准

分数	总体描述	表达	语言运用	话题展开
4	回答完全符合题目要求，极具完整性，易于理解，证据充足，表述连贯一致。	表达流利清晰，节奏良好，语音语调几乎无误。	回答能充分显示出考生对语法及词汇的有效运用。能自觉、正确地运用基本的或复杂的语言结构。有小错，但不影响表达意思。	回答能充分支持与满足题目的需要，组织得当，条理清晰，每一观点之间的联系十分清楚。
3	回答能恰当表现题目要求，但表达不够完整。较易于理解，表达基本连贯一致。有明显错误，但基本流利。	表达基本清楚，语言基本流利。语音语调有明显错误，但不严重影响总体理解。	回答能显示出考生对语法和词汇的主动且有效运用，观点与内容一致。语法与词汇结构的使用欠准确，缺乏多样性，但不严重妨碍信息的传递。	内容大部分是连贯一致的，证据充足。话题发展不够深入详尽，不够具体化。无法立即呈现出观点之间的关联。
2	回答能符合题目要求，但对话题的推进不够充分。尚可理解，但存在表达问题，总体连贯性不强。部分意思含糊不清。	表达基本可以理解。发音不够清晰，语调不够准确，无节奏感，部分意思因此含糊不清。	回答显示出考生对语法及词汇运用贫乏单一，无法充分表达观点。仅能使用基本句型。观点表达简而短，泛泛而谈。观点之间仅有不清晰关联。	回答与题目基本相关。观点的推进极不深入，观点的数目极为有限，表达不够详尽。内容重复，意思含糊，观点之间的关联不够清晰。

分数	总体描述	表达	语言运用	话题展开
1	回答内容十分贫乏，十分缺乏连贯性，与题目关联不大。大部分内容无法理解。	大量语音、语调及重音问题，表达无连续，时常停顿或犹豫。	语法及词汇的运用极为贫乏，严重阻碍观点的表达及连续性。使用格式化及大量练习过的短语及结构，表达水平较低。	与话题相关的内容极为有限。回答内容空洞，观点简单。考生大量重复提示词，几乎无法完成话题。
0	考生放弃考试，或回答与话题无关。			

表18 Integrated Speaking 评分标准

分数	总体描述	表达	语言运用	话题展开
4	回答完全符合题目要求，极具完整性，易于理解，证据充足，表述连贯一致。	表达清晰流利，语音语调几乎无误。在考生试图回忆信息时，表达节奏会有变化。	回答显示出考生对基本及复杂语法的准确运用，能选择有效词汇对相关观点进行表达。有细微语言错误，不影响意思。	回答观点清晰，表达出话题所需的相关信息，有细微错误及省略，但细节描绘十分得当。
3	回答能恰当表现题目要求，但表达不够完整。较易于理解，表达基本连贯一致。有明显错误，但基本流利。	表达基本清楚，语言基本流利。语音、语调及节奏有细微但明显的困难，但不影响考官理解。	回答能显示出考生对语法和词汇的主动且有效运用，观点与内容一致。语法与词汇结构的使用欠准确，缺乏多样性，但不严重妨碍信息的传递。	回答内容证据充足，能表达出话题所需信息，但不够完整准确，观点不够连贯。
2	回答与题目要求相符，丢失部分相关信息，表达有失误。语言的不准确及整体不连贯会影响意思的表达。	表达欠清晰，有较严重的语音、语调及节奏问题，部分意思因此含糊不清。	回答显示出考生对语法及词汇运用贫乏单一（即使运用复杂结构，也存在明显错误）。	回答明显不完整，或不准确，但能表达出相关信息。对中心思想的表达不清晰，有省略。由于对听力材料或阅读文章的中心思想理解错误，或不熟悉，使得考生对重要信息表达不足，所表达的观点之间缺乏联系和连贯。

分数	总体描述	表达	语言运用	话题展开
1	回答内容十分贫乏，十分缺乏连贯性，与题目关联不大。大部分内容无法理解。	大量语音、语调及重音问题，表达无连续，时常停顿或犹豫。	语法及词汇的运用极为贫乏，严重阻碍观点的表达及连续性。表达水平低，且仅依赖于单个词汇或极短的语言内容。	回答无法提供与话题相关的内容。所表达的观点不准确，语言不清晰。考生重复使用提示词。
0	考生放弃考试，或回答与话题无关。			

新托福口试采用人机对话模式，排除了考官对考生的影响和考生与考生之间的相互影响，这大大提高了口试的公平性，并在很大程度上提高了口试信度。口语考试中的回应经过数字录音被发送到 ETS 在线评估网络，每个考生的考试录音都至少有两名专业评分人员进行评估。考生在获取分数的同时将获得分析性反馈。该反馈将用语言加以描述，说明考生的语法怎么样、程度怎么样，口语有什么薄弱环节、有什么强项等。这些都是对评分信度极大的保障。作为建构在网络化人机对话平台上的口试，新托福口试属于半直接口试。

4.1.3 雅思考试（IELTS – International English Language Testing System）

1. 考试宗旨

雅思考试（国际英语语言测试系统）是听、说、读、写四项英语交流能力的测试。它是为那些打算在以英语作为交流语言的国家或地区学习或工作的人们设置的英语语言水平考试，旨在测试考生在真实的语言环境中用英语进行沟通的能力。全球有超过 6000 所院校机构、政府部门和职业机构认可雅思成绩并将其作为一项权威的测试英语沟通能力的方法。雅思考试在全世界 120 个国家和地区举行，是世界上增长最快的考试之一。

2. 考试方式

雅思考试坚持对考生听、说、读、写四个方面的英语能力进行全面评测。口试部分采用直接口试（一对一面试）方式。

3. 口试形式与内容

考试分为 3 个部分：

第一部分，考生和考官先做自我介绍。接着，考生将回答有关其本身的一些个人问题，包括居住的地方、家人、工作、学业情况、爱好以及任何其他相关的问题。这部分的会话时间是 4~5 分钟。

第二部分，考生将拿到一个题目和一些提示，必须针对特定题目发言。考生有 1 分钟的准备时间，并可以做笔记。发言时间是 1~2 分钟。考生发言完毕后，考官将提出一两个问题。

第三部分，考官和考生针对比较深奥的话题进行讨论，而这些话题的主题将与第二部分的题目有关。讨论时间是 4~5 分钟。

口试总长度时限为 14 分钟。

4. 测评标准

雅思口试采用 9 级评分制。各级评分标准如下：

9 分：成绩极佳，能将英语自如运用，精确、流利并能完全理解。

8 分：非常良好，能将英语自如运用，只是偶尔不连贯或用词不当，在不熟悉的状况下可能出现误解，对争论复杂细节掌握得相当好。

7 分：良好，有能力运用英语，虽然在某些情况下有时会发生不准确、不适当和误解，大致掌握复杂的英语，也理解其全部内容。

6 分：（澳大利亚移民、英国留学分数线）及格，虽然有不准确、不适当和误解发生，但大致能有效地运用英语，特别是在熟悉的情况下，能使用并理解相当复杂的英语。

5 分：（加拿大移民、新西兰移民分数线）适当及格，可部分运用英语，在大多数情况下可应付全部的意思，虽然可能犯下许多错误，在自身领域内可进行基本的沟通。

4 分：（英国预科分数线）水平有限，只限在熟悉的状况下有基本的理解力，在理解与表达上常发生问题，无法使用复杂英语。

3 分：水平极有限，在极熟悉的情况下，只能进行一般的沟通理解。

2 分：只偶尔使用英语，除非在熟悉的情况下能使用单词和简短的短句表达最基本的信息，在说写方面有重大的障碍。

1 分：不能通过，可能只能说几个单词，无法沟通。

一对一的面试模式中，考官所起的仅仅是辅助和指示作用，充分保障了考生在最长时间内展现自己口语能力的可能性；而全程考试都有录音机记录考试过程，为判断考生口语表达交际能力提供了高效、权威的素材和保证。

4.1.4　剑桥主体考试（MSE – Main Suite Examinations）

剑桥主体考试（MSE）是世界上最著名的英语学习资格认证之一，每年都有数十万的考生参加。考试共分为五个级别（KET、PET、FCE、CAE 和 CPE），它们都涵盖听、说、读、写四种技能和现实的语言运用。

KET 考试和 PET 考试包含读写、听力和口试三项内容。FCE、CAE 和 CPE 都有五项内容，即读、写、运用，听力和口试。

4.1.4.1 关键英语考试（KET – Key English Test），初级英语考试（PET – Preliminary English Test）

1. 考试宗旨

上述两项考试中，KET 考试是欧洲委员会 1990 标准的一项基本的英语资格认证考试，是剑桥通用英语五级系列英语证书考试的第一级。这个入门考试是为具备初级水平的英语学习者设计的考试。达到 KET 水平的考生应具备在英语国家进行交往或工作的基本语言技能，如提供和理解个人信息、问路等。

PET 是剑桥通用英语五级系列英语证书考试的第二级，它考察考生在社会和工作条件下的基本的英语交际水平。达到 PET 水平的考生应具备在国内外用英语处理日常事务，以及用英语与母语是英语或非英语的人士进行交流的能力。

2. 口试形式与内容

KET 和 PET 考试通常以 2 名考生配对同时参加口试的方式进行。KET 需要考生在提出和回答简单问题的过程中展示参与对话和交流的能力。

PET 需要考生在对话、提问和回答问题中自由表达各自的爱好和观点。考试能够在 PET 级别所列的场景内自如交谈；表达自己，包括表达自己的情绪；询问和理解问题；并对问题做出适当的回应。考试方式既有考生与一位考官交谈，也有考生之间利用提示提出和回答问题。考试时间 KET 为 8～10 分钟，PET 为 10～12 分钟。

3. 考试范围

下表列出了 KET°和 PET 所考核的语言功能，其中，与 KET 相比较，PET 语言功能基本相同，增加了交谈策略方面的功能，如开始新的谈话主题；转换话题；重新回到开始话题。在描述功能方面增加了过程描述的功能，如谈论如何操作某事；描述简单的过程。

语言功能/沟通技能

打招呼/回应打招呼（当面或是电话中）

自我介绍，介绍他人

询问和给出个人信息：姓名，年龄，地址，职业等

理解和填写关于个人信息的表格

描述教育背景和/或工作

描述人（外表/性格）

就职业提问和回答问题

请求重复和解释

重复先前说过的话

核实意思和意图

帮助他人表达意思

打断谈话

询问和给出单词的拼写和意思

数数和使用数字

询问和告知时间/日期和/或星期

询问和给出日常生活行为和习惯的信息

理解和给出日常生活信息

谈论当前发生的事情

谈论过去发生的事情和状态，最近发生的和已经完成的事情

陈述他人话语

谈论将来的情景

谈论将来的打算和意图

预测

识别和描述住所（房屋，公寓，房间，家具等）

买卖东西（花费和数量）

谈论食物和点菜

谈论天气

谈论健康

理解和给出简单指示

理解简单标识和记号

问路和指示路标

询问和给出旅行信息

询问和给出关于地点的简单信息

识别和描述简单物品（形状，大小，重量，颜色，目的或使用等）

比较和表达不同程度的区别

表达目的，原因和结果和给出原因

允许／拒绝请求

给出和回应请求和建议

表达和回应感谢

给出和回应邀请

建议

警告和禁止

告诉／要求他人做某事

表达责任和推卸责任

询问／拒绝或同意做某事

道歉解释和回应道歉解释

表达同意和不同意

赞赏

同情

表达偏爱，喜恶（特别是业余爱好）

谈论感觉

表达观点和作出选择

表达需求

表达目前和过去的能力

谈论可能性和不可能性

表达不同程度的肯定和怀疑

4. 测评标准

KET 和 PET 考试成绩都分四个等级：优秀（Pass with Merit），合格（Pass），接近合格（Narrow Fail），不合格（Fail）。

4.1.4.2 英语第一证书考试（FCE – First Certificate in English）

1. 考试宗旨

The First Certificate in English（FCE）为剑桥通用英语证书系列考试的第三级，其水平相当于欧洲语言共同参考框架的 B2 级水平，是为具备中高级水平的英语学习者设计的考试。能证明考生在社会生活中熟练的交际能力，代表着日常生活中英语写作和口语的中高级水平。

2. 考试方式

考生两人一组同时应试，考试时间为 8 ~ 10 分钟。考试分两种方式，第一种方式是考生分别与考官交谈；第二种方式是考生根据资料相互交谈。

3. 口试形式与内容

口试包含 4 个部分。第一部分，考官和 2 名考生之间简单问答。第二部分，考官发给每名考生两张照片及一个问题，考生根据照片不间断进行 1 分钟持续发言并回答问题，另一位考生对其发言进行简短评论。第三部分，2 名考生共同讨论所拿到的照片显示的同一话题。考官提供图片和书面问题，以及口头提示。第四部分，考官口头提问，考生就第三部分话题进行讨论。

4. 测评标准

达到这一级水平的考生应该能够：

听懂基本信息，如火车站/机场广播，电台里的交通信息，运动会或流行音乐会上的公共通知。在工作中，能够处理熟悉的工作范围内的事务，如询价，定购货物，确定货品交付日期。在会议中，能够提供事实或表达意思。打电话时，能够记录如姓名、号码等信息。在国外旅行，能够理解导游介绍的信息，能提出简单问题以获取更多信息。能够用语言表达喜恶。

FCE 考试成绩分五个级别：A、B、C 是"达标"等级；D、E 是"未达标"等级。

4.1.4.3 高级英语证书考试（CAE – Certificate in Advanced English）

1. 考试宗旨

CAE 是一项高级英语考试，它是一项职业和升学目的的考试。它的成绩被英国和其他国家的大学所采纳而作为成绩持有者对参加以英语为教学语言的课程的能力。

2. 考试方式

考试采取考生两人一组配对的形式，通常 2 名考官对 2 名考生，以测试考生在不同的英语谈话内容环境下的互动能力。口试时间约 15 分钟。

3. 口试形式与内容

口试包括四个部分：自我介绍，个人轮流发言，协作完成任务和讨论。口试时一名考官为对话者，组织考试；另一名考官为评估者，不参加对话。每位考生都与第一名考官进行简短对话，内容包括自我介绍和谈论日常生活。每位考生也都有 1 分钟时间对所提供的图示资料进行比较、描述和阐述。两名考生都需要进行对话来完成交流任务。也都必须和第一名担任对话者的考官展开更深入、更广泛的谈话来完成任务。两人面对面的考试形式降低了考生的焦虑程度，创造了更为真实的语言环境，从而获得更有信度的评估数据。

4. 测评标准

总成绩 A、B、C 三等为及格，可获得证书，D、E、U 三等为不及格。

4.1.4.4 英语熟练证书考试（CPE – Certificate of Proficiency in English）

1. 考试宗旨

CPE 是剑桥通用英语系列考试中的最高等级。如果考生能在任何英语环境中熟练使用英语，或考生认为他的英语水平已接近或类似受过教育的英语为母语者，他就可以选择 CPE 作为检验工具。CPE 的成绩被英国的大学采纳而作为大学和研究生学习所需的英语水平的标志。

2. 口试形式与内容

口试时间约 19 分钟。考试通常以两名考生，也可以一名考生为一组，由一位考官主考。口试有三个部分，分别是自我介绍，个人发挥和协作完成任务及相应的讨论。考试用照片、短文等提示材料启发和引导谈话。对话从具体评论展开，过渡到可以考查考生全面展示口才的相关主题。

3. 测评标准

这项考试属于欧洲语言共同参考框架的 C2 水平。达到这一程度的考生应该能够毫不费力地理解看到及听到的每件事；能对复杂题材开展讨论；能流利、准确地即兴表达自己的看法，并清楚在对复杂题材进行讨论时如何表达自己的观点；能总结不同的口头及书面信息，并且有能力连贯地复述这些信息的要点和逻辑推理。

该项考试的总成绩 A、B、C 三等为及格，可以获得证书，D、E 二等为不及格，不颁发证书。

4.1.5 剑桥少儿英语考试（CYL – Cambridge Young Learners' English Tests）

1. 考试宗旨

剑桥少儿英语考试（Cambridge Young Learner's English Tests）是剑桥大学考试中心特别为测试 7 至 12 岁少儿的英语水平而设计的一套

考试系统。该考试分为三个级别：一级（Starters），二级（Movers）和三级（Flyers）。

2. 考试方式

初级 Starters Exam（适用于 7 岁或小学 1~2 年级学生）、中级 Movers Exam（8~11 岁或小学 3~4 年级学生）、高级 Flyers Exam（适用于 9~12 岁或小学 5~6 年级学生）。考试采用直接式口试的方式，测试包括 3 个方面：读写、听力和口语。口试共 19 分钟，2 或 3 人为一组，面对面进行，测试交际能力。每人交谈大约 5 到 10 分钟。考试由经验丰富，经过培训的合格考官执行。考生按照考官的提示回答提问，提供自己的简单情况。

3. 口试形式与内容

一级：

表 19　剑桥少儿英语一级的口试形式与内容

	形式	考查目的
1	问候及询问姓名； 通过相关图片，按照"谈话框架"作出指示，提出问题。	完成口头问题；用适当的动作或一个单词进行问题的回答。
2	根据框架提出问题：姓名、年龄、学校班级、喜欢和不喜欢的。	用单词或词组回答问题。

二级：

表 20　剑桥少儿英语二级的口试形式与内容

	形式	考查目的
1	问候及询问姓名；两张相似的图片。	找出两张图片的四个不同点。
2	一组图片。	讲出相关的故事（现在时）。
3	几组图片。	找出每一组图片中的不同。
4	开放性问题。	回答问题。

三级：

表 21 剑桥少儿英语三级的口试形式与内容

	形式	考查目的
1	问候及询问姓名；两张相似的图片，其中一张放在考官处。对考官的那张图片进行口头描述。	找出两张图片的六个不同点。
2	一组答案，一组问题。	关于两个人物进行回答与提问。
3	一组图片。	讲出相关的故事（过去时）。
4	针对考生的开放性问题。	针对自己进行问题的回答。

4. 测评标准

剑桥少儿英语并无及格与不及格的区分。每个完成了三个部分考试的考生都可以得到剑桥盾牌表示成绩的证书。每个部分最多获得五个盾牌。例如，某个考生读写部分可能获得三个盾牌，听力得到一个盾牌，口语得到四个盾牌。

4.1.6 剑桥商务英语证书考试（BEC – Business English Certificate）

1. 考试宗旨

剑桥商务英语证书是剑桥系列考试中专为学习者提供的国际商务英语资格证书考试，从听、说、读、写四个方面进行全面考察真实工作环境中英语交流能力，该考试被欧洲乃至全球众多教育机构、企业认可，将其作为入学考试或招聘录用的英语语言水平要求。BEC 考试的主要考试对象为 17~30 岁的中青年考生，特别适合从事管理和一般办公室工作的人员以及商务工作经验有限、希望凭借 BEC 证书实现自身奋斗目标的考生。

2. 考试方式

BEC 共分三个等级：BEC 初级（BEC Preliminary Level，缩略为 BEC Pre.），BEC 中级（BEC Vantage Level，缩略为 BEC Van.），BEC

高级（BEC Higher Level，缩略为 BEC Hi.）。考生可根据自己的英语水平自由选择相应级别报考。剑桥商务英语的口语测试采取的是直接口试，即面试。

考试分两个阶段进行。第一阶段为笔试，包括阅读、写作和听力，第二阶段为口试。考试时间分别为：BEC 初级阅读、写作 90 分钟，听力约 40 分钟（含填写答题卡时间），口试 12 分钟；BEC 中级阅读 60 分钟、写作 45 分钟、听力约 40 分钟（含填写答题卡时间）、口试 14 分钟；BEC 高级阅读 60 分钟、写作 70 分钟、听力约 40 分钟（含填写答题卡时间）、口试 16 分钟。BEC 口试主要考查考生商务交往过程中运用英文的能力。商务交往主要指：（1）建立和保持商务联络；（2）谈论工作；（3）制订计划与安排工作。

3. 口试形式与内容

（1）测试内容：

建立和保持商务联络：A. 向人表示问候和对问候的回答。B. 自我介绍。C. 询问对方或介绍自己的身份特征。D. 表达自己喜欢什么、不喜欢什么。E. 发出邀请、接受和拒绝邀请。F. 表示感谢和欣赏。G. 给别人提供方便，接受和拒绝帮助。

谈论工作：A. 询问和描述工作任务。B. 询问和介绍公司情况。C. 询问和简要介绍产品。D. 比较不同产品及价格。E. 询问和提出自己的观点。F. 表示同意或反对。G. 提出、接受和拒绝建议。H. 表达需要和要求。

制订计划和安排工作：A. 商务会议安排会议日程、安排会议议程。B. 商务旅行预订饭店房间、到饭店住宿和结账点菜、进行旅行咨询、预订机票、乘火车旅行等。

（2）测试过程：第一阶段：采取考官与考生交流的方式，时间约为 4~5 分钟。考生应对考官的问题做出回答或对考官提出的要求做出反应。考官所提问题主要针对商务交往的具体内容。第二阶段：采取考生与考生交流的方式，时间约为 3~4 分钟。每组考生抽取两组卡片，每组卡片为两张，一张卡片上描述具体内容，另一张卡片是针对其内容的问题。考生可得到一张描述具体内容的卡片和一张与另一考生卡片内容相关的问题卡片，考生根据卡片的信息差进行问答和交流，交流的内容局限于这两组卡片。

4. 测评标准

考试的全过程都将录下来，录音带将被寄回剑桥大学评定成绩。每个考生的表现会被单独评分。参与对话的考官对于考生的表现会做全面的评估。不参与对话的考官对于考生的四项表现：语法和词汇，谈话的掌控，发音和沟通交流技能进行单独评分。BEC 口试采用双人独立评分，总体评分与分析性评分相结合。主考官发问，负责总体印象分，总体性评分法的依据是交际性测试体系的观点，即把语言放在实际交际中作为一个整体来评价。分析性评分法反映了分割式的语言观，这种评分的标准比较详细，可以提高评分的信度。副考官按照评分细则从语法与词汇、语音、语篇处理及交互性四个方面打分，其中前两项是对语言能力的评价，着重准确性；语篇处理指句子结构是否多样化，句与句连接是否恰当，组织观点、考虑措词的停顿是否适当等，这是对流利性的评估；后两项强调语言的交际特点与技巧。

测试依据发音、准确性、流利程度以及交流能力四个部分判定 3 个等级。分数分别为 3 分、2 分、1 分。具体标准如下：

（1）发音（包括声音大小、重音、语调、语气）

3 分：尽管有些读音错误，并且有受母语影响的迹象，但比较容易听懂且抑扬顿挫较流畅。

2 分：由于发音受母语影响，使某些词不易听懂，有一些读音错误，受母语影响严重。

1 分：考生的发音很难听懂。经常出现读音错误，受母语影响明显，语调不对且断断续续，给听者造成麻烦。

（2）准确性（包括语法、用词及说话方式）

3 分：有错误，但基本上能把意思表达清楚。所采用的句子结构规范，但处理复杂句子结构比较困难。对所熟悉的话题词汇较丰富，但表达有欠缺。

2分：有的意思表达不清。所采用的句子结构多为基本句式，且有语法及用词错误，对所熟悉的话题有一定词汇量的描述能力。

1分：表达令人费解，基本句子结构出现错误，缺乏用于交流的词汇。

（3）流利程度（包括语速、长短句搭配）

3分：听者感觉不错，尽管有停顿，但较流利，能组织语言，用较长的句子表达，但有些句子不够完整。

2分：听者需要耐心，尽管有停顿但基本流利，句子比较短。

1分：听者需要非常耐心。经常中断且间隔较长。

（4）交流能力（包括独立性、灵活性以及对谈话方式的把握）

3分：基本具有独立性。只是有时需要在其他考生的帮助或提示下表达。在与其他考生的交流中占主导地位，回答其他考生所提问题较迅速。

2分：有时需要依靠别人的帮助完成表达。在交流中有不妥之处。不能很快回答其他考生所提问题。

1分：需要经常依靠别人的帮助才能完成表达。掌握了一些句式但使用不当，对其他考生的提问，反应慢，甚至没有反应。

5. 能力描述

BEC P 标准级：

在日常工作中能记录和传递大部分信息。

能够参加日常会议或是就熟悉议题进行讨论，通过提问或回答交流客观信息。

能够表达个人意见，在一定范围内参与辩论

BEC V 中高级：

在熟悉的工作范围内，能够表达详尽的信息，提出详细的要求来完成工作。

当讨论熟悉的工作话题时，能顺畅表达自己的观点，说服他人。

在直接参与的工作范围内，能够处理他人提出的意外的工作要求、应对困难或反馈。

BEC H 高级：

能够提出问题，即使是超出其负责的工作范围。

能够有效地进行辩论，能准确地说明需求或对需求进行评判。

能就同意或是反对某项议题进行辩论，具备广泛的语言来谈论其工作的各个方面。

4.1.7 英语口语测试证书（TSE – Test of Spoken English）

1. 考试宗旨

TSE（Test of Spoken English）是美国教育考试服务处为母语为非英语国家的学生提供的英语口语水平考试。TSE 考试分为 TSE（A）和 TSE（B）两种。TSE 考试的主要目的是考察非英语国家英语学习者英语口语的表达、沟通能力。考试中，考生将被要求在规定时间内对口头或笔头给出的问题做出口头反应，考试以此来评估考生的英语口语水平。

2. 考试方式

此项考试是间接式的测试，考生的答题录在录音带中，考官根据录音带评分。考试内容分 7 大类型，共 12 个问题。七大题型包括：指方向；推荐一个地方；描述一系列图画；描述表格；介绍日程及其变化；语言的功能（包括说服、建议、道歉、邀请、抱怨、请求等各种生活中最常用的语言功能）；谈日常话题。其中谈日常话题的题型占全部考题的一半以上。

3. 口试形式与内容

考试分 7 个阶段，有 7 项内容。

（1）用录音提问考生本人的有关情况：每一个问题之后，有短暂的答题时间，在实际考试中，答题时间每题约为 15 秒钟。

（2）朗读一篇印好的短文：要求发音准确，口齿清晰，朗读流畅；考生先用一分钟时间阅读，然后用一分钟时间朗读。

（3）将一系列不完整的句子补充完整：考生可随自己的思路加以补充完成，答案可以不同，但要意思完整，语法正确；实际考试时，允许用 10 秒钟时间完成每个句子。

（4）看图讲故事：考生将看到一组系列图片，然后叙述一个故事，要求尽可能准确和详细；考生先用一分钟看图片，然后再用一分钟叙述故事。

（5）看图回答问题：提供一张画和就此画提出的 4 个问题，每个问题都有许多不同的正确答案；考生先看图一分钟，然后回答录音提出的问题；每一问题允许用 12 秒钟回答。

（6）回答一般性题材的问题：让考生描述某些事物或就国际上普遍关注的题目发表意见；评分取决于考生如何表达思想的方式，而不是观点本身；每个答题时间为 45 秒钟。

（7）发表一篇短的演讲：例如发布班级、俱乐部或会议等的活动日程或通知等。考生先用一分钟阅读试题册上的主题，再用一分钟把主题阐述出来。要求考生注意所有重要的细节，并设想自己的听众正在听他的解说，不能把它仅仅当做翻译。

4. 测评标准

通过对以上七个部分的测试，基本上可以判断出考生的英语口头表达能力，包括对语音、语法的掌握程度。

考生的 TSE 答题磁带将由两位有相当资格的考官独立评分。若两者评定结果不一致，将由第三位考官再来评分，最终成绩则由三位教师评定结果之间的差别来决定。

评分解释：主要从以下四个方面来评定。

（1）总的可理解程度：0～300，精确到 10 分

250～300：对正常口语完全能理解，在运用非常口语化的词语时偶

有语法或发音错误

200~240：能被人理解，但发音、语法、用词方面有一些错误，偶有停顿，有时改变措辞

150~190：能被人理解，但发音、语法、用词方面常有一些错误，有停顿，改变措辞

100~140：不能被人理解，经常停顿，易改变措辞，发音错误，用词贫乏，缺乏语法控制能力

0~90：总的可理解程度太低，甚至最简单的语言表达都难以被人理解

（2）发音：0.1~3.0，精确到0.1分

2.5~3.0：偶有非标准发音，但总能被人理解

1.5~2.4：有个性化的音位错误，重音和语调不太合适，但可被人理解

0.5~1.4：常有上述各种错误，有时不能被人理解

0.0~0.4：经常性音位错误，重音和语调不合适，不能被人理解

（3）语法：0.1~3.0，精确到0.1分

2.5~3.0：能很好掌握结构，偶有小语法错误（即使是英语母语者一不注意也可能发生）

1.5~2.4：能很好掌握结构，有一定语法错误，尚不影响被人理解

0.5~1.4：能掌握基本结构，但有重大语法错误，以致不易被人理解

0.0~0.4：除简单词组外，完全不能掌握语法和句法

（4）流利程度：0.1~3.0，精确到0.1

2.5~3.0：说话流畅，近于美国人的水平

1.5~2.4：语序较合规范，有一些不合规范的停顿，尚不影响被人理解

0.5~1.4：语序不太合规范，不合规范的停顿极多，以致不易被人理解

0.0~0.4：说话踌躇，完全不合英语的语序，以致完全不能被理解

此项考试还提供相对评价。TSE 的成绩可通过同 TSE 成绩比较表来做相对评价。将成绩与低于此成绩的百分比（% Lower Than You）同时查到，即可知道考生的口语能力。

4.1.8 爱尔兰交互英语口语测试（OTIE – Oral Test of Interactive English）

1. 考试宗旨

TIE（Test of Interactive English 交互英语口语测试）是一项由爱尔兰国家教育科学部认可，爱尔兰英语语言学校顾问委员会指导开发的爱尔兰对外英语语言测试，考试对象是申请去爱尔兰学校留学读书的学生。考试形式分两个年龄组，一个是针对 12~18 岁年龄段的考生，叫 The Junior TIE；另一个是针对 18 岁以上的英语学习者，称为 The TIE。

TIE 是一项对外英语语言水平测试，注重考生的口头表达和实际运用能力。

2. 考试方式

TIE 是一种直接式的口语面试考试，每组由一个考官和两名考生一起参加，每组考试规定时间为 45 分钟左右。在一个测试点第一、第二组的考试一般有两个考官共同参加。第一组考试由一个主考按正常要求和程序与两名考生进行，另一考官坐在附近旁听，整个过程只是听和记录。考试结束之后，两位考官交换彼此给予两位考生的分数和评分意见。之后开始第二组考试，这一次先前主考和旁听的考官交换角色。第三组开始两位考官各自分头进行考评。

3. 口试形式与内容

TIE 包括四个部分。

第一部分是自我介绍，由考官提问与考生生活和经历密切相关的问

题。考官可以先后对两名考生分别提问，也可以根据具体情况对两名考生交叉提问。

第二部分是围绕考生事先准备的"新闻故事"（news story）进行简单陈述和提问。考生可以直接口头陈述自己的故事，也可以拿出自己准备好的材料，如报纸、杂志等，边看边讲，而后由考官提问。这个项目一般不交叉进行。

第三部分是就考生事先准备的"调查报告"（investigation）进行的。TIE 要求考生提前准备（18 岁以下的考生可以由教师辅导帮助准备）一份关于爱尔兰国家的任何话题的调查报告（比如天气、饮食、卫生、交通、地理、作家作品等等），考试时考生必须拿出自己的书面报告，先口头陈述报告内容，然后由考官发问。在一个考生陈述和回答问题的同时，另一个考生也可以抓住时机提问同伴，参与交流，形成三人对话的局面。

第四部分为两位考生的合作项目（team work）。考官拿出一张含有四五幅画面的卡片，给 1 ~ 2 分钟时间让两名考生通过协商选定其中的一幅画，代表他们共同要做的一项活动，根据画面的内容谈谈他们为何决定去做这件事，到哪里，干什么等等。

4. 测评标准

TIE 口语测试本身有一套非常详细的评分标准和要求，但毕竟每个考官在给予成绩时有自己的主观感受，因此，安排两名考官的目的就是使两位考官在成绩评定的主观感觉上尽量一致，尽可能避免对同一批考生的不同评价标准。

TIE 的评分标准是以欧洲语言共同参考框架的标准为基础制定的。分三等六级。第一个等第包括 C2、C1 两个级别，获得这两个级别的考生被称为"能有效使用语言者"（proficient user）；第二个等第包括 B2、B1 两个级别，称之为"能独立使用语言者"（independent user）；第三等第包括 A2、A1 两个级别，属于"能基本使用语言者"（basic user）。根据具体情况，每一个级别还可以左右浮动，如考生成绩可以是 B2 +

或 B2 – 。

4.1.9 博思考试（BULATS – Business Language Testing Service）

1. 考试宗旨

博思（BULATS）是英文 Business Language Testing Service 的缩写，汉语意译为剑桥职业外语考试，音译为博思。它是目前国际上最高水平的考试服务，由英国剑桥大学考试委员会和欧洲语言测试者协会共同开发，涵盖了英语、法语、德语和西班牙语等 4 个语种，综合测试考生听、说、读、写全方位的商务语言沟通技能。它是一种与职业工作相关的、快速及实用可信的外语考试。考试时间和地点可以根据用户要求灵活安排，并很快知道成绩。已在 30 多个国家和地区得到认可。

该考试主要面向企业单位内部员工、应聘者和政府机关公务人员以及正在修读外语或以外语为主要课程的商务专业的考生，是一种与职业工作相关的、快速及实用可信的外语考试。企业可以通过该考试客观地评估其现有员工及应聘者目前的外语水平，个人也可以通过参加考试，获得相应的证书和评述个人实际能力的等级成绩报告单，作为到企业应聘的一种能力证明。

博思考试目前已被全球大多数知名企业作为单位内部职业外语测试工具或作为政府项目的语言测评工具。该考试在全球采用统一的质量管理和标准化的测试评价结果。

2. 考试方式

口语考试评估考生的口语技能，尤其是工作中用到的口语。考试由考官和考生一对一地进行，考试全过程都被录音，而后由另一名考官进行第二次独立评分。考试的时间约 12 分钟，由三部分组成：对话、专题演讲、信息交流与讨论。

3. 口试形式与内容

口试由三部分组成：面对面的基本交流、简短的陈述、与考官的信

息交流与讨论。考试内容涉及以下几个方面:

(1) 工作岗位说明

(2) 公司或产品介绍

(3) 旅游

(4) 管理与市场营销

(5) 客户服务

(6) 制定业务计划

(7) 电话留言

(8) 业务报告、函电与演示

4. 测评标准

所有博思(BULATS)考试都以欧洲语言测试者协会(ALTE)的参照标准为基础,将所有的考生归进五个水平档次。包括以下因素:语言使用的准确性与恰当性;话题的展开及观点的组织、流利程度及发音;对对话的参与程度。所有的考官都接受过专门培训,并获得剑桥大学考试委员会颁发的资格证书,目前所有考官均为外籍人士。

表 22 博思(BULATS)考试评分标准

欧洲语言测试者协会等级	水平	BULATS/ALTE级别	分数	能力描述
C2	高级水平	5	90～100	在绝大多数职业范围的工作环境中,能完全掌握并熟练运用该语言。例如,在工作中能自信地进行辩论,维护自己的观点,并有说服力地进行论证。

续表

欧洲语言测试者协会等级	水平	BULATS/ALTE级别	分数	能力描述
C1	高级中等	4	75~89	在一定职业范围的工作环境中，较好地掌握并熟练运用该语言。例如，能有效地参与讨论和会议。
B2	中级高等	3	60~74	在一定熟悉范围的环境中，基本能有效地掌握并运用该语言。例如，能在会议上针对某一特定问题发表自己的看法，但无法参与复杂的辩论。
B1	中级水平	2	40~59	在熟悉的情景范围中，能有限但有效地运用该语言。例如，能参加关于自己熟悉的论题的例行会议，尤其是进行简单事实性的信息交流。
A2	基础水平	1	20~39	在一定熟悉的情景范围中，只能非常有限地运用该语言。例如，能理解和表达一些简单的信息。
A1	初学者	0	0~19	只能非常有限地运用该语言。这一级别的考生可能懂一些词组，但无法用该语言进行交流。

4.2　非英语语言测试中的口语测试

　　本节主要介绍在欧洲语言共同参考框架指导下的德、法、俄、西等国举办的全球性外语口语测试，以及目前国内针对上述四个语种的各类口试。国内考试中属于与上述四个语种同类性质的英语考试也在此一并介绍。由于日语隶属亚洲语言，因此本节对日本国内的日语考试进行了单独的梳理。

目前虽无单独的德、法、俄、西语种的口语水平考试，但口语测试一直作为外语测试的重要组成部分广泛存在于这几个语种的考试之中。

国外这几个语种的考试主要是由各个母语国在全球或者本国举行的面向非母语人士的外语等级水平考试。主要是为非母语人士入学申请、工作应聘等提供相应的外语水平鉴定。此类考试属于全球性外语水平测试，由 CEF 制定共同的考试纲领、考试等级和评分体系等。一般由各国教育部负责组织实施。

4.2.1 德语考试

德语主要包括下表的一些考试，它们都直接或间接地依据 CEF 而制定，下表反映了这些测试与 CEF 之间的等级对应关系。

表 23 德语水平测试等级与 CEF 等级对应关系

德语考试	CEF 等级
德福考试（TestDaF）TDN3、TDN4、TDN5	CEF 中、高级
高校德语水平考试（DSH）DSH－Ⅰ、DSH－Ⅱ、DSH－Ⅲ	CEF 中、高级
德语语言毕业文凭考试（DSD）DSD1、DSD2	CEF B1、C1
歌德证书 A1：青少年德语证书 1、初级德语证书 1	CEF A1
歌德证书 A2：青少年德语证书 2、初级德语证书 2	CEF A2
歌德证书 B1：青少年德语证书、初级德语证书（ZD）	CEF B1
歌德证书 B2：中级德语证书（ZMP）	CEF B2
歌德中级证书 C1：中级德语考试	CEF C1
歌德高级证书 C2：高级考试（ZOP）	CEF C2
小语言学位证书（KDS）	CEF C2，以较强的文学水平为宗旨
大语言学位证书（GDS）	超过 CEF C2
职业德语考试：商务德语证书（ZDfB）	CEF B2
国际经济德语考试（PWD）：商业德语考试	CEF C1

4.2.1.1 德福（TestDaF）考试

1. 考试宗旨

德福考试即"德语作为外国语的考试"（Test Deutsch als Fremds-sprache），是由德国学术考试开发协会下的德福考试学院按照托福模式设置的一种全球标准化考试。对象是以赴德留学为目的的外国学习德语者或一般只想证明自己德语语言水平的人。申请进入德国高等院校或者到德国从事科学研究者，都必须通过这项考试，与 DSH 同等价值。

2. 考试方式

间接式口头测试，考查考生在大学生活环境中用德语交流的能力。要求考生在半小时内完成 7 段陈述或情景对话的录制（7 个任务，2005年 11 月之前为 10 个任务）。

3. 口试形式与内容

测试题目提供的信息包括高校情况、谈话对象、用于准备和回答题目的时间，统计数据图表或发展趋势图。考试由 4 部分 7 组难度各异的问答题组成；要求考生：（第一部分）能电话查询；（第二部分）能获取或提供信息、提出请求、说服他人；（第三部分）能对示意图进行描述；（第四部分）能阐述论证自己的观点。（15 秒钟思考，40 秒钟答题）

部分样题：

1. 电话咨询题：任务是你打电话给一家咨询单位询问一些问题。如你要申请国际学生证，然后进行咨询。

2. 阐述自己的状况：如一位德国朋友问你，在你们国家女性主要做哪些工作，收入如何。

3. 描述图表：主要描述现象，如不同年龄男性女性独自生活的人数。

4. 权衡利弊：即针对一个话题阐述自己的观点，如大学里提供专业课程的两周试听期。试听期结束，可以继续学习或放弃。你认为优点缺点在哪里？你赞成还是反对。

5. 给朋友提建议。如你的一个朋友病了，十天后她有一个重要考试。她是要参加考试还是休息，你帮她分析。两种选择的利弊在哪里？你的建议是什么？

6. 借助图表数据分析发展原因和趋势，如关于家庭或孩子。

7. 给朋友提建议：你的朋友得到了一项奖励，奖励的兑现方法可以是一辆新型自行车或者是相应的现金。朋友征求你的看法。

4. 测评标准

德福考试按照 3～5 级区分语言能力，5 级（TDN5）为最高级。自 2004 年 9 月起开始施行一项新规定：如果达到"TestDaF4 级"（TDN4），考生就已得到在德国大学专业学习的语言水平资格（在之前必须达到"TestDaF3 级"）；如果成绩达到"TestDaF3 级"（TDN3）水平，也可以得到某些大学的特定专业的语言水平认可；"TestDaF5 级"（TDN5）是 TestDaF 考试的最高成绩，它表示考生拥有非常高的、远远超过了入学所要求的德语水平。

在口头表达的测试中考查的关键点是发音、重音、语调是否准确，能否听懂问题，对所提问题反应的快慢，所答是否为所问，表述语言是否与环境要求相吻合，表达是否完整准确，语言结构是否合理，有没有常识性的语法错误，连词、从句使用是否恰当（合逻辑）。

4.2.1.2 高校德语水平考试（DSH）

1. 考试宗旨

高校德语水平考试（Deutsche Sprachprüfung für den Hochschulzugang ausl ndischer Studienbewerber，简称 DSH）是在推出 TestDaF 考试以前几乎每个外国留学生都要求通过的考试。一般来讲，只有通过此项考试才能正式在大学注册，开始专业课的学习。通过笔试总分的 2/3 以上，方可参加口试，口语所占比重较小。有的学校笔试优秀者可免口试。

2. 考试方式

直接式口试，考生抽题准备 15 分钟，测试时间约 20 分钟，多为单人考试，有些大学也以 2～3 人小组的形式进行。

3. 口试形式与内容

口试过程由三部分组成：A. 口试中考官与考生的讨论必须有一个引子，这个引子可以是一篇短文，也可以是一幅图或图表。无论以什么作为引子，它都必须配置一些简单的问题。B. 口试开始时，先由考生对题目作一个简单介绍或解释，但这不是口试的主要部分。C. 口试的主要部分讨论。整个讨论过程是考官评分的主要依据。

考生应具备下列语言行为能力：提问、表达不同的看法、论证自己的观点、对事物的发展进行推测和提出论断、阐述某事物的现状、举例解释和说明等。考题大多与大学生活、学习有关，也有大学以外的其他题目，如谈人体生物钟、谈医学、谈德国与欧洲的厨房等。

4. 测评标准

因为 DSH 是由各个大学单独出题，难易程度不一致，为了统一全德国 DSH 考试的水平，提高各大学的 DSH 成绩在其他高校的认可度，德国高校校长联席会议最近对 DSH 考试做出了新的规定。原来的 DSH 考试成绩只分"通过"（达到口试总分 2/3 以上）和"不过"，（杨汤寿，2005）没有级别，现在则按照考试的正确率将 DSH 考试分为三级，分别是 DSH－I，正确率为 57%；DSH－II，正确率为 67%；而 DSH－III 正确率要达到 81% 以上。拿到 DSH－I 的就具备了申请德国个别大学的资格，拿到 DSH－II 的可以申请德国所有的大学，而 DSH－III 的成绩各个大学应无条件录取。并明确规定歌德学院高级班的水平考试（ZOP）与 DSH 具有同等效力。

评分角度：（1）对所提问题反应的快慢；（2）是否能独立地有分寸、有区别地进行表述；（3）语言表达是否正确；（4）表达内容是否完整；（5）发音、重音和语调是否正确，为人所理解。

4.2.1.3 德语语言毕业文凭考试（DSD）

1. 考试宗旨

DSD 的性质和英语的 TOEFL 差不多，一旦通过，就可以凭成绩申请德国大学。DSD 分为口试和笔试。

2. 口试形式和内容

一是当场复述一篇给定的文章，然后针对文章回答几个问题，既有针对文章本身的题目，也有表达自己观点的开放题。

二是互动讨论，大约提前半年给出近 20 个话题（topic），比如"爱看的电影，爱读的书，大学生活，暑期安排"等，任选一个，考试时介绍并与考官一起讨论。

3. 测评标准

本考试是根据欧洲语言共同参考框架分级的。DSD 一级相当于欧洲标准的 B1 水平，DSD 二级相当于欧洲标准的 C1 水平。

4.2.1.4 系列歌德证书

歌德学院是德意志联邦共和国在世界范围内积极从事文化活动的文化学院。它的工作是促进国外的德语语言教学并从事国际文化合作。除此之外，通过介绍有关德国文化、社会以及政治生活等方面的信息，展现一个丰富多彩的德国。建立于 1951 年的歌德学院发展迅速，目前已遍布 78 个国家和地区，共有分支机构 144 个，其中国外分支机构 128 家。歌德学院的系列考试是按照欧洲语言共同参考框架（CEF）设置的，歌德证书 A1－C2（分别相当于 CEF 的 A1－C2）。此外还有职业德语考试商务德语证书（ZDfB）（相当于 CEF B2）和国际经济德语考试（PWD）商业德语考试（相当于 CEF C1）。

歌德学院的系列考试具有大致相同的考试形式和程序，是严格按照 CEF 来制定的。下面我们重点介绍歌德中级证书 C1：中级德语考试，其他的只作简单介绍。

1. 歌德证书 A1：青少年德语证书 1（Fit in Deutsch 1）、初级德语证书 1（Start Deutsch 1）

集体口试（15 分钟），考生要在小组中进行自我介绍；就日常生活提出并且回答问题；向某一小组成员提出日常的请求。

2. 歌德证书 A2：青少年德语证书 2（Fit in Deutsch 2）初级德语证书 2（Start Deutsch 2）

集体或者两人对话式的口试（15分钟），自我介绍；就日常生活的话题提问并回答；表达日常的请求，并回答对话伙伴提出的请求。

3. 歌德证书B1：青少年德语证书、初级德语证书（ZD）

双人对话式或单人的口试（15分钟），由两名考官执行。其中一人主持口试。两名考官都做笔记并且对口试表现评分。考生自我介绍；转述给出的图片或文章的内容；和对话伙伴就一个日常话题进行讨论，在这个对话中需要回答对方的问题，表达观点并给出建议。

4. 歌德证书B2：中级德语证书（ZMP）

双人对话式或单人的口试（10~15分钟），向对话伙伴（包括母语者）介绍自己；就一个当前的话题表明立场；和对话伙伴就某事进行协商。

5. 歌德中级证书C1：中级德语考试

（1）考试方式

双人对话式或单人的口试（10~15分钟）

（2）口试形式与内容

考试前有15分钟准备时间，每一部分有三个题目可供选择，考生自主选择后可以准备考试，记笔记，供考试时用，但不可使用词典、书、已做好的笔记等辅助工具。

考试开始后考官同考生进行一段开场对话（1~2分钟）：考官向考生随便提几个个人问题，该对话不计分。

口试部分1（15分，5~7分钟）：考生就两张图片进行自由表达，约5分钟，然后由考官提一些相关问题，补充考生的观点，并为讨论提供一些新想法，约2分钟。考察学生如何描述图片，通过图片发现了什么题目，是否作了比较，是否谈论了一些自己的个人经验等。

口试部分2（15分，5~7分钟）：考生将得到三张或更多照片或图片，与考官进行讨论。考生必须就一个需要解决的问题提出建议，并能说服考官。如

您设想一下，您在一家建筑公司工作，该公司与国外的一家公司有

合作关系。工作中会经常互相寄送建筑图纸和设计草图。

请您和一位考官讨论，什么样的工具（传真、邮件、互联网）最适合这样的工作。

请您比较各种可能性，并解释您的观点。

请对您的对话伙伴的意见作出回应。

最后您必须作出决定。

（3）测评标准

测评标准可用下表表示：

表24　中级德语考试评分标准

评分标准	6~5	4~3	2~1	0
Ⅰ满足要求与互动行为	报告详尽，完全满足对话要求，并能持续主动地参与对话。	报告长度适中，能较好地满足对话要求，能参与大部分对话。	报告较短，只能部分满足对话要求，只是被动地参与对话。	报告太短，表达不清楚，参与对话有困难。
Ⅱ流利程度与关联性	表达具有关联性，语速自然。	偶尔有可以感觉到的停滞，语速基本适当。	偶尔表达结巴，造成听者理解困难。	表达不完整，无法表达主要观点。
Ⅲ表达准确、得体	几乎没有错误，表达得体。	大部分表达得体，有几处错误。	表达部分得体，错误较多。	过于简单，错误太多，影响理解。
Ⅳ词法和句法的正确性	极少的语法错误。	有些语法错误，但不影响理解。	语法错误较多，影响理解。	语法错误太多，完全无法理解。
Ⅴ发音与语调	两方面均无明显错误。	有明显的外语口音，但不影响理解。	由于一些发音不准，而使得听者感到吃力。	发音与语调都不准，理解十分困难。

口试结束后，考生离开考场。在下一个考生进来之前，考官要给考生的口试评分。达到15分才通过口试。

每个考官首先自己按照评分标准打分，之后互相进行比较。如果两位考官所打的分数一样，将分数填写到评分页上并签名。这时下一个考生方可进考场。如果两位考官的分数不一致，他们将进行讨论，并且比较各自对考生的观察，对自己的分数说明理由。通常情况下，他们会比较自己的观察，并取得一致意见。讨论结束后作出最终决定。

6. 歌德高级证书C2：高级考试（ZOP）

单人口试（约20分钟），考生有15分钟准备一篇文章，然后朗读并总结这篇文章，回答有关文章主题的问题，要求发音和语调准确无误；就一个事先准备好的、感兴趣的题目进行简短的演讲，然后与两位考官进行讨论。

7. 小语言学位证书（KDS）

单人口试（20分钟），口试首先有40分钟的时间来准备一篇文章，然后朗读，控制在5分钟左右，文章大概20行，内容多是摘自报刊或文学作品，重点考察语音语调，如重音和停顿是否正确；口试第二项是从3个题目中选择一个，根据笔记做一个简短的演讲，然后与两位考官讨论，时间为15分钟左右，考察的重点是流利程度和内容的逻辑性。

8. 大语言学位证书（GDS）

单人口试（25分钟），考生有40钟的时间来准备一篇文章。然后朗读，要求发音和语调准确无误。自选题目作一个简短报告，然后与两位考官一起讨论或争论这个话题。

9. 职业德语考试：商务德语证书（ZDfB）

考试对象是想去德国工作的外国人，以能独立自如地运用语言为前提。

单人口试（20分钟），在交谈中自我介绍，描述一个图片或图表的内容，并和对话伙伴就一个话题进行讨论。在对话中考生需要回答问题，表达观点并给出建议。

口试考察的主要内容是一个外国人在德国工作所需要的基本的德语知识。考生将在口语考试中展示其在典型的日常工作场景中适当地表达自己的能力。博思采用机考的形式。

10. 国际经济德语考试（PWD）：商业德语考试

考试对象为对外经济贸易者，单人口试（20分钟），用商务语境介绍自己；代表一个企业或者机构，在对话中进行辩论。

4.2.2 俄语考试：对外俄语等级考试（ТРКИ）

1. 考试宗旨

俄罗斯对外俄语测试系统简称为 ТРКИ 或 TORFL（Test of Russian as a Foreign Language）。这是测试母语为非俄语的外国人士俄语水平的国家级标准化考试，是俄罗斯对外国公民进行标准化俄语等级测试的系统。该考试设立于 1998 年，并于当年融入了"欧洲语言测试者协会"。由于欧洲一体化进程加快，人员流动的增长，对来自不同国家的就职人员的外语水平进行鉴定已成为一种需要。实行对外俄语标准化等级测试是适应欧洲一体化进程以及推动俄罗斯社会、政治、经济、文化发展的需要。建立并实施统一的标准化测试，可规范化地鉴定外国公民的俄语水平。因此，推行俄语等级水平测试不仅是外国学生入学的需要，更大程度上是工作和人员流动的需要。

2. 考试方式

考试分笔试、口试两部分，口试以直接型口语测试为主，由两位考官测评一位考生，其中一位负责和学生的交流，一位在旁不参与口试，只给考生打分。考试形式为与考官对话、打电话、口头作文、阅读短文然后描述、看录像然后描述等，时间 10 分钟。

3. 口试形式与内容

对外俄语等级考试口试包括三个部分 15 道试题。

第一部分为第 1～12 题，目的是测定考生在交际情景中按照要求运用最恰当的语言手段达到交际目的的能力。其中包括适当地反驳对方的观点、准确地表达高兴、惊讶、愿望、沮丧等情感的能力。

第二部分为第 13～14 题，测试考生视听说三方面的能力。考查内容包括看电视录像并转述，以及充当谈话发起人的角色展开对话。例如：样题中提供一份招聘广告，考生对广告内容很感兴趣，打电话向招聘单位详细询问有关工作情况。

第三部分为第 15 题，要求考生参加某个专题性问题的讨论。考题侧重考查考生在座谈讨论中提出问题、询问观点、讲述信息、详述细节、阐述观点等方面的语言综合运用能力。

4. 测评标准

对外俄语等级考试参照 CEF，分为初级、一级、二级、三级、四级。

初级要求考生能参加简单的对话，并能对谈话内容作出适当反应；能就简单的日常话题展开交谈，简单表达自己的看法。

一级要求考生能够参与对话，并能对谈话内容作出适当反应；能够开展并且完成对话内容；能够就各种主题（对自己、工作、职业、兴趣、爱好、家庭、国家、城市）等进行谈论。

二级要求考生能参加有主题的交谈，能够就某一主题展开询问和对话，能够描述他们看到的东西，表达他们的意见，在对话中实现自己的交际意图。

三级要求学生能参加有主题的交谈，能够处理并解决交谈中所发生的问题；描述他们看到的东西，表达他们的意见，在对话中实现自己的交际意图。

四级要求学生能就任何所给内容进行即兴的谈论与发言，在未经过准备的情况下显示语言技能，及在语言交际中使用必要的交际策略。

俄罗斯对外俄语测试是 CEF 理念指导下的比较完备的语言测试系统。"在俄罗斯对外俄语测试'会话'的科目中所考查的内容，完全与社会生活、社会文化等领域的实际交际内容相一致。测试充分体现了交际性原则，恰当地考查了应试者在各种不同的交际情景中用俄语处理问题和解决问题的能力。"（刘玉英，2002）

4.2.3 西班牙语 DELE 考试

1. 考试宗旨

对外西班牙语水平证书（DELE— Diploma de Espanol como Lengua Extranjera）考试是一种面向母语为非西班牙语的外国人士的西语水平测试。考生资格无特定限制，不分职业、年龄，凡有兴趣者都可参加。

2. 考试方式

考试分为初级（基本沟通场景）、中级（日常生活场景）、高级（需要运用高水平的西班牙语以及西域文化知识进行表达的场景）三个层次六个级别 A1，A2，B1，B2，C1，C2。六个级别的口语测试都是直接型的口语测试，由考生和几位考官进行面对面的直接对话。

3. 口试形式与内容

口试内容包括打招呼、聊家常、回答考官提出的问题、看图描述和主题演讲等。

针对不同的阶段，口语测试的要求也不一样。

表 25　西班牙语 DELE 考试分级标准

等级	口语考试要求
A1	要求考生具备最基础的西语运用能力，以便能理解和使用在西语国家最常用的基础词汇句法，如以较慢的语速清晰而流利地指出附近某方向地点及描述和询问个人基本生活情况。
A2	要求考生能够理解和运用西班牙语日常基础表达，通常是以生活中如家庭、购物、兴趣、爱好等为背景，能熟练地进行简单直接的交流。
B1	要求考生能够理解以日常生活场景为基础的口语。能够在更高一级的场景对话中展开对相关知识点的运用。从容应对我们熟悉或感兴趣的话题，如个人经历某重大事件，目标、计划、愿望，观点的表达。
B2	要求考生能在各种典型场合中自然流利地与人交流。
C1	要求考生能够灵活展开西语对话。能容应对各种口语交际场合。
C2	要求考生能够用西班牙语在各种场合，展开对所见所闻的理解描述。

初级考试流程：a. 打招呼、聊家常，考官提出五个小问题，帮考生进入情景；b. 1～2 分钟：考官提问 5～6 个简单的私人问题（考生需避免只回答 Sí 或 No）；c. 1～2 分钟：考官会按照考前发给考生的会话主题，和考生做一个简单的对话（此项会让考生在考前作十分钟准备）；d. 2～3 分钟：看图说故事（此项会让考生在考前作十分钟准备）。

中级考试流程：a. 打招呼、聊家常，考官提出五个小问题，帮助考生进入情景。（此部分不记分）；b. 4 分钟：主考官给考生 2 至 4 幅漫画，考生选一项进行看图说故事（无准备时间）；c. 2～3 分钟：主考官会按考前发给考生的主题（三选一），请考生讲述一件事，例如：休闲活动（此项会让考生在考前作十五分钟准备）；d. 5 分钟：主考官和考生以你问我答的方式进行 5 分钟的对话。主考官一般以与 c 项考试主题相关的题目发问。

高级考试流程：a. 打招呼、聊家常，考官提出 2～3 个小问题，帮助进入情景。（此部分不记分）；b. 4 分钟：主考官给考生两张照片，考生必须对这两张照片进行描述，并做比较，之后主考官将和考生根据照片内容做一小段对话；c. 4 分钟：主考官会让考生在三个主题中选一项，并请考生讲述其所选的主题，例如：凡走过必留下痕迹（即席演讲，没有准备时间）；d. 4 分钟：主考官和考生以你问我答的方式进行 5 分钟的"答辩"。主考官通常以与 c 项考试主题相关的题目发问。目的是测试考生是否有能力用西班牙语辩护其论点。

4. 测评标准

DELE 的考试时按照各项打分，每一部分要达到 70% 才算合格，听力理解（15 分）及会话（30 分）一起计算，两个考试成绩加起来要达到 31. 5 分（即 45 分的 70%）。

4. 2. 4　法语考试

目前含口语考试的法语面向母语非法语者的考试有法语水平考试

（TEF）（Test d'Evaluation de Français）、法语知识考试（TCF）（Test de connaissance du français）、法语学习文凭考试（DELF）（Diplome d'études en Langue Francaise）、法语深入学习文凭考试（DALF）（Diplome Approfondi de Langue Francaise）。本节重点介绍法语水平考试（TEF）和法语知识考试（TCF）。

4.2.4.1 法语水平考试（TEF）（Test d'Evaluation de Français）

1. 考试宗旨

TEF 是一种新型权威的水平考试，由法国法语联盟总部负责出题、阅卷，通过其海外分部组织考试。通过测试考生法语理解、表达能力，TEF 将对其法语水平进行全面评估，并做出阶梯式的质量分析。报考法语能力测试的考生可通过 TEF 测试自己的法语水平，为赴法国进一步深造或在法资企业工作做好准备。TEF 的成绩可以作为法国大学和高等专科学校测试入学者法语水平的依据，并由此向入学者推荐合适的修学课程。TEF 的成绩可以作为法国企业招聘海外员工的参考条件之一。TEF 法语水平测试作为一种语言能力的资格审定，已为巴黎工商会所认可。

2. 考试方式

考试由必考部分和选考部分组成。口试部分为非必考内容。

口头表达（时间：35 分钟）

同笔试要求一样，口试使用有关材料，从模拟真实情景出发，进行双向交流。要求学生完成的任务为：（1）收集信息，提出问题。（2）能进行比较性，作说服性的及赏析性的论述。

3. 口试形式与内容

口试包含以下两项内容：

第一项：准备 10 分钟，与考官对话 5 分钟。在每个考项中，考生要在五个不同的主题中抽出一个题目，与考官对话。口试由两位以法语为母语的考官主考，考官与考生之间事前没有过接触。

第二项：准备 10 分钟，与考官对话 10 分钟，陈述事实 5 分钟。总共 15 分钟对话。

考试材料形式简短多样：包括公告、信件、广告、图画、报刊文章概要等。

4. 测评标准

考官根据法国工商会提供的统一评分标准对考生的口头表达能力进行评估，评分结果将由法国工商会裁定。考生的能力将按以下三方面进行考量：

（1）与对话者交流能力。

（2）陈述材料内容能力。

（3）为维护自己的观点及说服对方而进行辩论的能力。

4.2.4.2 法语知识考试（TCF）

1. 考试宗旨

法语知识考试（TCF）（Test de connaissance du français）是由法国国际教学研究中心应法国教育部的要求而设立的。TCF 是标准的等级水平测试，考题采用十分严谨的方法设计，是名副其实的语言水平测试工具。

该考试旨在测试母语为非法语人员的法文水平。考生一般出于专业或个人需要而参加考试，可简单、快速、可信地测试其法文水平。TCF 考试由必考部分和补充测试组成。完整的 TCF 考试能够准确衡量考生的法语水平。根据测试结果，便可按照由欧洲理事会制定的 6 个等级评定考生法语水平。所有希望进入法国高等院校一年级就读的学生均必须通过 TCF 水平考试，其前提是同时也通过预先录取所要求的笔试。

2. 考试方式

口语考试为 20 分。一个人大约 15 分钟左右，每人共有两道题目。考官会首先对题目做个简单的解释，然后考生准备 20 分钟，随后进去讲大约 10 分钟。面试过程是录音的，考完不当场提供成绩，录音直接寄到法国。

3. 考试内容

样题为：报纸上的招聘艺人广告，要招 20 多人，招完以后培训，然后安排在某些音乐会的最初阶段助兴。要求考生在看到这个广告后打电话去了解细节，提些问题。

4. 测评标准

TCF 考试为欧洲语言测试者协会所承认，并且法国国际教学研究中心（CIEP）于 2002 年 5 月被接受为其成员之一，所以 TCF 考试是和英语的雅思，德语的德福一样的一种法语测试工具。所有考题的评阅都由法国国际教学研究中心（CIEP）进行。考生参加考试后，可以通过考试中心得到标有不同部分得分的成绩证明。成绩证书包括等级水平及成绩评定：除了列出总平均级别之外，还详细列出各项技能的相应级别。

TCF 分数分为 6 个等级，从"初级"到"高级"，全部根据欧洲理事会制定的欧洲语言共同参考框架制定。该通用标准为欧洲语言测试者协会 ALTE（CIEP 为其成员之一）所采纳。各等级均有简称，通俗易懂。

表 26　TCF 分级标准

1	初级（100～199 分）	具基础法语应对能力者；可应付一般日常生活之简单用语。
2	进阶初级（200～299 分）	具基础法语应对能力者；可沟通日常惯用之主题及交换信息。
3	中级（300～399 分）	具中级法语程度者；可有限但具体地运用法文：独自旅行、谈论自己喜爱的话题或简短地解释一个观点、一项计划。
4	进阶中级（400～499 分）	具中级法语程度者；可灵活运用法文：完全理解及参与一般性或专业性质的讨论。
5	高级（500～599 分）	具高级法语程度者；可流畅地表达社会上、职业上或学业上的生活，及理解冗长、较复杂的文章。
6	进阶高级（600～699 分）	具高级法语程度者；可领悟法语的微妙处，对复杂的题材亦无理解困难，并能展现突出的表达技巧。

考生的水平等级按能力标准，其目的是使该证书的最终用户（如教育机构或雇主）能够了解持证者的法语理解及表达能力。

4.2.4.3 法语学习文凭考试（DELF）

DELF（Diplome d'études en Langue Francaise）法语学习文凭是由法国教育部颁发的国家文凭，是外国人法语水平，运用和掌握程度的证明，包括两个等级。

DELF 考试分两个阶段，共有六项考试，其中第一阶段考四个科目：

A1 科目：考察日常表达（与考官面对面口语 + 写作）

A2 科目：考察思想和情感的表达（意见与情感的表达，与考官面对面口语 + 写作）

A3 科目：考察文字和书面表达（与考官面对面口语 + 写作）

A4 科目：考察基本语言应用（写作）

第二阶段两个科目：

A5 科目：考察法国文学与文化（写小论文）

A6 科目：考察专业表达（口语）

4.2.4.4 法语深入学习文凭考试（DALF）

DALF（Diplome Approfondi de Langue Francaise），是由法国教育部颁发的国家文凭，是外国人法语水平，使用和掌握程度的证明。如果通过考试并获得 DALF 文凭，则被视为具有用法语听课、学习的能力。获得 DALF 文凭的外国学生在申请法国大学时可以免除一切其他的法语水平测试。证件有效期为 2 年。

DALF 考试考查考生日常法语运用水平和对其相关专业法语的掌握情况，对考生的法语水平要求较高，难度也相对较大。

新版的 DALF 由 6 个相互独立的等级组成，与《欧洲语言共同参考框架》的六个水平相对应。每个文凭评估 4 种语言能力：听力理解，口头表达，阅读理解和书面表达。

DELF A1、DELF A2、DELF B1、DELF B2 和 DALF C1 对四种语言能力分别评估，而 DALF C2 中表达能力和理解能力是联系在一起的，表达取决于考生对一个材料的理解。考试材料涉及两个领域，人文科学和理工科学，考生可任选其一。口试部分准备时间 1 小时，考试时间 1 小时，考生在专业法语范围内选择自己报考的主题，口头简述与主题相关的某个论题，并与考官进行讨论。

考试实行百分制，50 分即及格，可获得证书。DELF A1、DELF A2、DELF B1、DELF B2 和 DALF C1，每个文凭由 4 个考项组成，各占 25 分，每个考项至少要得 5 分。DALF C2 由两个考项组成，每个考项各占 50 分，至少要得 10 分。

4.2.5 日语考试

日本的日语教育考试，主要有：

（1）日语能力检定考试（日本語能力検定試験），测试非母语者的日语能力：

（2）商务日语能力考试（ジェトロビジネス日本語能力テスト），测试商务工作者的日语能力；

（3）日语教育能力检定考试（日本語教育能力検定試験）；测试日语教师的教育能力。

上述考试中仅商务日语能力考试含口语测试项目。考生只有在该项考试的听阅考试即听力阅读考试合格的情况下，才可获得口头交流能力考试的资格。因此本节择该项考试予以介绍。

4.2.5.1 商务日语能力考试

1. 考试宗旨

商务日语能力考试（以下简称 BJT）是由日本贸易振兴机构主办，日本国立国语研究所、日本国际交流基金、日本国际教育支援协会协办的对商务及其他工作中的实用日语能力进行测试的一项世界通用考试。该项考试是继"日本语能力测试"之后得到日本政府承认的一项考试，现已在世界上 14 个国家的 36 个城市正式开考。中国教育部考试中心于 2007 年底与日本贸易振兴机构签署协议，承接了 BJT 考试并负责在中国境内的实施。

该项考试重视考生日语的实际能力，特别是在商务领域的日语运用应对能力，以此客观评价母语非日语人士商务日语的水平，为日本国内外企业录用、使用优秀日语人才服务，因此在日本企业中获得高度认可，具有较高的公认性和可信性。

2. 考试方式

商务日语能力考试分为笔试、口试两大部分。

笔试部分：JLRT（Japanese Listening & Reading comprehension Test）听力阅读考试。

口试部分：JOCT（Japanese Oral Communication Test）口语考试。

口试是直接式口语测试，以一名考官对一名考生对话的形式进行。

3. 口试形式与内容

口试分"面谈"与"角色扮演"两部分，时间约30分钟。

面谈部分：大约15分钟，考官就考生的工作内容以及与之相关的话题，或者与商务活动有关的话题等与考生进行对话。

角色扮演部分：约15分钟。设定某种状况及情景，让考生扮演所指定角色。考试时发给考生写有扮演的角色，状况，话题的角色扮演卡，由考官进行讲解。

商务日语能力考试的角色扮演大致分为两种。一种是以与考官谈话进行的"对话型"角色扮演，另一种是接受了考官对情景以及话题的说明后，由考生一个人讲演的"发表型"角色扮演。原则上，这两种类型的角色扮演，考生要各接受一个，共计两个测试。

考试样题：

（1）"对话型"角色扮演的讲解

例如，假定J百货店的田中科长打来电话，对话从考官讲的下列台词开始。

科长："我是J百货店的田中，特价销售用的毛衣颜色不对，这是怎么回事呢?"

考生听了这个台词后，必须作为与 J 百货店交易的负责人对此作出反应，要求对投诉判明情况，采取适当的应对措施。

（2）"发表型"角色扮演的讲解

此一环节由考生独自讲解。例如，设定这样的情景：考生作为新分配到某日资公司出口科的新职员，要在早会上讲话。首先由出口科科长（考官）向该科员工介绍新职员（考生）。

科长："这位是从今天开始分配到出口科工作的某某，下面，请他作一个简单的发言。"

然后，考生就进入公司的动机和今后的抱负作 1 分钟左右的发言。

4. 测评标准

商务日语能力考试测评基准分六级，各分数段水平描述如下：

600 分以上（J1 + 级）：不论在任何商务场景中，都具有足够的日语交流能力。

530 分以上（J1 级）：在广泛的商务场景中，具有恰当的日语交流能力。

420 分以上（J2 级）：在有限的商务场景中，具有通过用合适的日语交流的能力。

320 分以上（J3 级）：在有限的商务场景中，具有一定程度的日语交流能力。

200 分以上（J4 级）：在有限的商务场景中，具有用日语进行最基本交流的能力。

0 分以上（J5 级）：基本不具备商务日语交流能力。

口语测试测评基准从水平 A + 到水平 D，也分六个级别。与笔试部分对应等级如下表：

表 27　笔试、口试基准等级对应表

笔试		口试
J1 +　600 ~ 800 点	→	A +
J1　530 ~ 599 点		A
J2　420 ~ 529 点		B +
J3　320 ~ 419 点		B
J4　200 ~ 319 点		C
J5　0 ~ 199 点		D

5 国内影响较大的口语测试

5.1 国内自主组织的包含口语测试的外语考试

国内自主设计组织的含有口语测试的外语考试主要包括以下六种：

（1）由教育部考试中心组织实施的全国外语水平考试（WSK，主要用于选拔国家公派出国留学人员）；

（2）由国家外国专家局举办的国家级标准化外语水平测试"全国出国培训备选人员外语考试"（BFT，主要用于衡量出国培训人员外语水平）；

（3）由教育部高等学校外语专业教学指导委员会组织的针对外语专业学生的"四、八级考试"；

（4）由以上海外国语大学小语种专业知名专家教授为主的项目专家组负责组织实施的"上海市通用小语种应用能力考试"（前身为上海市紧缺人才"小语种"（非英语语种）考试）；

（5）由国家人事部和中国外文局联合举办的"全国翻译专业资格（水平）考试"（China Accreditation Test for Translators and Interpreters——CATTI）；

（6）小语种导游资格考试。

5.1.1 全国外语水平考试（WSK）

1. 考试宗旨

WSK 是国家教育委员会举办的外语水平考试，是为了鉴定非外语专业人员的外语水平而设置的考试，其成绩主要用于选拔国家公派出国留学人员。全国外语水平考试设英语（PETS－5）、法语（TNF）、德语（NTD）、日语（NNS）和俄语（ТПРЯ）五个语种。下面以俄语和德语考试为例加以介绍。

2. 考试方式

俄语（ТПРЯ），口试采取两名教师和两名考生的形式，考试时间约 15 分钟。一名教师不参与交谈，专事评分；另一名主持口试，随时与考生交谈并评分。专事评分的教师所给分数的权重占口试成绩的 2/3，主持口试的教师所给分数的权重占口试成绩的 1/3。

3. 口试形式与内容

从考试内容来讲，俄语（ТПРЯ）的口试试卷分 A、B、C 三节，A 节主要考查考生理解一般性问题并能恰当地回答这些问题的能力。考官问一些同考生生活、工作、学习等相关的问题（具有要求考生自我介绍的性质）。B 节考查考生用俄语进行讨论的能力。该节的形式是根据提供的信息及要求阐述个人观点、解答问题、扮演角色、作出决策、进行辩论等。C 节考查考生连贯性表达的能力。考生分别从所给的三个话题中选择一个话题进行连贯表达，并就此话题互相提问、回答。总的来看，A 节考试时间约 2 分钟；B 节考试约 5 分钟；C 节考试约 8 分钟。

德语（NTD），口试包括连贯性表述（5 分钟）和对话（10 分钟）。考试题型包括（1）读一篇文章；（2）读一篇对话；（3）给 3～5 个题目供选择；（4）给 3～5 张图片供选择。考生从 3～5 题中任选一题，经 15 分钟考前准备后，就该题作连贯性表达。然后在主考教师的引导下围绕该题展开进一步的讨论。

4. 测评标准

俄语口语考试采取五分制评分标准，三分以上（含三分）为合格。口试教师依照口试各节的全部考察内容对考生口语进行评价，而不是依照其中的某一部分独立评分。不参与交谈的教师分项给分，参与交谈的老师给出一个综合分。口试老师主要从以下四个方面评价考生口语能力：语法和词汇，话语运用，语音语调，互动交际。

德语（NTD），总分28分，27~28为优秀，24~26为良好，21~23为中，18~20为及格，0~17为不及格。有时试卷体现评价标准的误差约为±5%，成绩在临界处的考生是否符合出国留学的语言水平，还需经专家系统的定性分析。

评分标准分为"语言能力"和"语音"两个部分。

表28 语言能力

分项		分数	标准
内容	自述	4 3 2 1	内容连贯 内容基本连贯 内容不连贯 内容混乱，几乎无法让人理解
	交谈	6 5~4 3~2 1	完全切题 基本切题 离题较远 答非所问
反应		6 5~4 3~2 1	反应迅速，正确无误 反应稍慢，基本无误 反应慢，时有误解 反应很慢，误解甚多
语速		4 3 2 1	说话流畅，每分钟9句以上 说话较流畅，每分钟6~8句 说话断断续续，勉强能听懂，每分钟3~5句 说话不成句子，几乎无法让人听懂，每分钟少于3句

续表

分项	分数	标准
词汇、语法	4 3 2 1	几乎无语言错误 偶尔有语言错误，但基本不影响意思的表达 经常有语言错误，严重影响意思的表达 语言错误严重，几乎无法表达自己的思想

表 29　语音

分数	标准
4	语音、语调基本正确
3	语音、语调可以听懂
2	语音、语调勉强可以听懂
1	语音、语调使人难以听懂

5.1.2　全国出国培训备选人员外语考试（BFT）

1. 考试宗旨

BFT 是由国家外国专家局举办的国家级标准化外语水平测试，是衡量出国培训人员外语水平的国家级标准。适用于我国政府、工商企业、财政金融等部门出国培训人员和已在或准备到国内外资企业工作的各类外语学习者及参加中、高级专业技术资格评定的各类专业技术员。BFT 考试分英语、日语、德语、俄语四个语种。下面以俄语为例加以介绍。

2. 考试形式

口试每二人为一组进行，平均每组口试时间为 10 分钟。考生先按照指定时间进入候考室抽签，抽签后进入预备室，准备所抽到的朗读材料，并记住重要的内容，以便回答问题。准备时间为 5 分钟。

3. 口试形式与内容

考生先朗读一篇短文，并回答主考老师提出的问题；然后，按照主考老师所指定的题目做一篇口头作文，叙述不少于十句话；最后与主考老师就某些问题进行讨论。

4. 测评标准

口试为 50 分，占总分的五分之一，口试不低于 30 分。合格证根据考试成绩分高级（A 级）、中级（B 级）和初级（C 级）三级，只参加某一科目考试的考生，成绩合格者可获得单科合格证，各级别各单科合格成绩如下：

表 30　BFT 分级标准

级别	听力	口试	笔试
高级	30	30	60
中级	25	25	50
初级	30	30	60

5.1.3　外语专业四、八级考试

1. 考试宗旨

外语专业考试由全国高等学校外语专业教学指导委员会各命题组统一组织面向各高校外语专业的本科生举行的考试。

专业四级：专业四级属于基础阶段的考试，其目的是全面检查已学完专业四级课程的学生是否达到教学大纲所规定的各项要求，考核学生运用各项基本技能的能力以及学生对语法结构和词语用法的掌握程度，既测试学生的综合能力，也测试学生的单项技能。同时，也是评估教学质量，推动校际交流学习的一种手段。通常情况下，本科生大学二年期下半学期就可以通过了。

专业八级：是针对通过专业四级考试之后高年级阶段学生的测试。根据我国高等学校英语专业高年级各语种教学大纲的规定，高等学校外语专业高年级的教学任务是继续打好语言基本功，进一步扩大知识面，重点应放在培养综合技能、充实文化知识、提高交际能力上。专业八级考试的目的是检查大纲的执行情况，特别是大纲所规定的八级水平所要

达到的综合语言技能和交际能力，藉以促进大纲的进一步贯彻，提高教学质量。下面对俄语、德语和西班牙语的相关情况进行介绍。

2. 考试方式

俄语专业四级，第一部分是人机对话，属于半直接型口语测试；第二部分为口语表述，是直接型口语测试。西班牙语专业八级采用间接型口语测试，其过程为（1）准备口语测试：学生放入空白磁带，教师调试语音设备；（2）发放口语测试试卷：学生有 1 分钟时间阅读试卷，阅读结束后开始录音；（3）口语测试开始：自开始录音起计时，10 分钟后统一停止录音；（4）口语测试结束：停止录音后监考教师将磁带倒回起始处后，收回磁带，学生退场。（5）西班牙语、德语专业四级则采用直接型口语测试。

3. 口试形式与内容

俄语专业四级，第一部分要求考生在教学大纲规定的题材范围内，就预先录制的录音中提出的 20 道问题做出即兴回答，用以测试考生的反应、听和说的能力；第二部分要求考生在教学大纲规定的题材范围内，经过 5 分钟准备，就指定的话题按要求作 2 分钟的连贯叙述，或按指定的多幅画面叙述一个完整的故事。德语专业四级也包括即兴问答和连贯叙述两部分。

西班牙语专业四级和俄语专业八级口试为口头作文，通过播放录音当场给出一个题目，学生有 10 分钟的思考准备时间，然后就该题目作 5 分钟的连续讲述，讲述内容现场录音供批阅用。西班牙语四级口语题目一般是比较贴近学生的学习与生活，有具体内容可讲述，例如近几年的口试题目：

2006 年四季中你最喜欢的一个季节

2007 年一次难忘的旅行

2008 年你课余时间都干什么

2009 年一个你参加的 fiesta（party）……

西班牙语专业八级口试采用的是视译形式。考生拿到试卷后准备 2

分钟，之后在 10 分钟内将一篇 300 字左右的中文短文口头翻译成西班牙语。超纲词在文章中用西班牙语注出。

4. 测评标准

西班牙语四级口试的评分依据主要有两个：口语表达质量（包括讲述内容和语言表达水平）及表达时间，各分为四档，实行综合评分法。各档次及得分如下表：

表 31　各档次及得分

表达质量/表达时间	4 分钟以上	3～4 分钟	2～3 分钟	1 分钟左右
A 档（表达通顺流利）	17～20 分	15～16 分	13～14 分	11～12 分
B 档（表达基本连贯）	15～16 分	13～14 分	11～12 分	9～10 分
C 档（表达断断续续）	13～14 分	11～12 分	9～10 分	7～8 分
D 档（表达凌乱含糊）	11～12 分	9～10 分	7～8 分	5～6 分

以俄语专业四级为例，第一部分即兴回答，每题 1 分，答题内容贴切，语言正确得 1 分；内容基本贴切，有语言错误，则视错误的数量和性质扣 0.5～1 分；答非所问、未作回答或表达完全错误扣 1 分；不能作出即兴回答的，适当扣分。第二部分连贯叙述，语速不得低于 55 词/分钟。从语言、内容、语音语调三个部分评分，分别占 50%、30% 和 20%，即 10 分、6 分和 4 分，将三个部分所得分数相加即是考生的成绩。

表 32　内容评分标准

分数	标准
5～6	内容完整切题，逻辑性强，表达清楚，叙述连贯，总词量不少于 110 词
3～4	内容较切题，较丰富，逻辑性稍差，表达清楚，总词量不低于 100 词
0～2	内容贫乏或不切题，逻辑性差，总词量在 100 词以下

俄语专业四级口试从形式看"人机对话和口语表述的口试形式具有很多优点，主要为测试内容和时间的统一，便于操作；录音形式可以减轻学生的焦虑程度，有利于他们发挥出正常的口语水平；口试后统一

判分。"但是四级的口试也不是尽善尽美的。四级口试"能够较好地考察出反应和表达能力，但由于每个问题后留下的时间有限，考生只能做一句话甚至一两个词的简单回答，于是便出现了考官说话多考生说话少的怪现象，这种'对话'离真实的交际相去甚远。"（刘素梅，2005）

5.1.4　上海市通用小语种应用能力考试

1. 考试宗旨

上海市"小语种"考试是与"上海市紧缺人才'小语种'（非英语语种）"项目培训工程配套的项目，旨在检查和提高"小语种"培训质量，使之趋于规范化和标准化。目前组织全市统一考试的语种有：西班牙语、意大利语、俄语、德语、法语、日语、葡萄牙语、阿拉伯语。考试等级从高到低依次为 A、B、C（高、中、低）三级。目前以 B，C 级考试为主。

2. 考试方式

各语种口语测试由考生抽签答题，有 5～10 分钟的准备时间。每个考生的考试时间一般为 10～15 分钟。

3. 口试形式与内容

测试内容包括朗读音组、单词、句子、回答主考老师的提问、进行对话、口译等。

俄语 C 级：（1）朗读：音组 10 个、单词 10 个、句子 2 句、短文（20 个左右单词）1 篇；

2. 回答问题：每个问题用中等语速问 2 遍。

西班牙语 B 级：（1）读：朗读一篇短文（由 100～150 个字组成）；（2）听：在考场能听懂主考老师就相关内容提问并回答问题；（3）说：自由表达，围绕某一命题，组织一篇 10 句的短文。

法语 B 级：（1）朗读词句：单词 20 个，句子 5 个；（2）朗读短文并回答问题：经过 3 分钟准备，朗读一篇含 200～250 个单词的短文，然后回答与该短文相关的若干问题。（3）会话：结合教材和日常生活题材提3～5个问题。

法语A级：（1）口译（45％）（15分钟）该题涉及商务谈判、外事、旅游及日常生活等题材。共有五篇短文，其中三篇法译汉，两篇汉译法。（2）阅读法语文章并口头回答问题（30％）（10分钟）该题考核考生阅读理解法语原文及法语口头表达能力。要求考生在规定时间内阅读一篇法语短文并就短文内容回答问题。（3）自由连贯表达（25％）（5分钟）考生按照指定的题目口述一篇短文。主题涉及社会、职业及日常生活等："我的工作""我最喜欢的一本书"等。要求内容完整、条理清晰且语言生动。考生叙述完后回答考官提出的若干问题。

4. 测评标准

法语A级口译部分要求考生在忠实原义的基础上进行汉法—法汉互译，语音语调正确，语速正常，无大语言错误；自由表达部分要求考生内容完整、思路清晰且语言正确。能用法语介绍我国和法语国家的政治、经济、文化等方面的情况，能用较流利的法语对我国社会现象、日常生活、职场工作作一般性介绍，能就中等难度的内容进行口译工作；在生活和职场工作的真实环境中能把法语作为交流沟通的主要工具，迅速准确地捕捉信息并清晰完整地表达思想和观点。

上海市通用小语种应用能力考试目的是为了培养复合型人才，适应工作需要，所以在题型设置上更加突出实际应用能力。

5.1.5　全国翻译专业资格（水平）考试

1. 考试宗旨

全国翻译专业资格（水平）考试是由国家人事部和中国外文局联合举办的国家级职业资格考试，是在翻译专业实行的面向社会的、国内最具权威的翻译专业资格（水平）认证。考试设有英、日、俄、德、法、西、阿等语种。各语种分为四个等级，即资深翻译；一级翻译；二级翻译；三级翻译。各级别均设口译和笔译考试。目前先进行三级和二级的考试，因为这一水平的人才社会需求量大，因此参加考试的人员也最多。

2. 口试形式与内容

各级别口译考试均设《口译综合能力》和《口译实务》2 个科目，《口译综合能力》科目考试采用听译笔答方式进行。二级口译考试《口译实务》科目分设"交替传译"和"同声传译"2 个专业类别，均采用现场录音方式进行。考试内容主要是汉语和各语种之间的互译，各语种的考试形式基本一样，只是在字数上稍有不同，以西班牙语为例：

表 33　西班牙语三级

序号	题型	题量	记分	时间（分钟）
1	西汉互译（对话）	不同题材的对话两篇，共约 350 字	30	10
2	西汉交替传译	约 400 词的西班牙语录音材料一篇	35	10
3	汉西交替传译	约 400 字的汉语录音材料一篇	35	10
总计	——	——	100	30

表 34　西班牙语二级

序号	题型	题量	记分	时间（分钟）
1	西汉交替传译	总量共 1000～1200 单词的西班牙语录音材料两篇	50	30
2	汉西交替传译	总量共 1000～1200 字的汉语录音材料两篇	50	30
总计	——	——	100	60

3. 测评标准

表35 口译评分标准

口译二级考试要求	口译三级考试要求
语音、语调正确，吐字清晰。	语音、语调基本正确，吐字清晰。
语言规范，语流顺畅，语速适中。	语流顺畅，语速适中。
熟练运用口译技巧，基本完整、准确地译出原话内容。	能够运用口译技巧，传递原话信息，无严重错译、漏译。
	无严重语法及表达错误。

从考试的内容和要求来看，专业性强是翻译资格水平考试的一个最重要特点。与其他很多外语考试不同，这项考试重在考译者的实际翻译能力和水平。"能翻译"和"懂外语"是两个完全不同的概念。因为翻译是用一种语言文字来表达另外一种语言文字所体现的思想内容，要求在两种语言不同的文化背景、思维方式、用语习惯中进行快速正确转换。除词汇量外，对翻译者的翻译技能、语言文字能力、文化知识的广博程度都有较高的要求。"考虑到事实上一名翻译不可能对各个领域都精通，因此，我们在考试中除设必考题外，还将允许应考者在1~3个题目中任选一个进行翻译，真正做到公平、公正和客观的要求。"（黄友义，2003）

5.1.6 小语种导游资格考试

1. 考试宗旨

小语种导游资格证考试由国务院旅游行政管理部门委托省、自治区、直辖市人民政府旅游行政部门组织实施并颁给导游人员资格证书的考试，是为那些想当小语种导游的人准备的。如德语导游资格考试考纲要求，考生的德语必须达到高校德语专业三年级学生的水平。

2. 考试形式、内容和评分标准

该考试分为中文笔试、小语种口试。口试即现场模拟导游考试，为直接型口语考试。考查"游览区（点）讲解能力"和"导游服务规范与特殊问题处理及应变能力"。我们可从下面的"现场导游考试评分表"中看出考试内容和评分标准。

表36　现场导游考试评分表

项目	分类	标准分	得分
语言	语音，语调	10	
	语法	10	
	表达能力	10	
旅游景点讲解	全面 正确 生动	30	
导游规范	操作	10	
	提问	10	
应变能力		10	
礼仪	仪表，仪容	7	
	礼节，礼貌	3	
合计		100	
评语			

5.2　国内汉语作为第二语言测试中的口语考试

我国正在使用或研发的用来评量母语非汉语者的汉语水平的测试主要有新、旧两种版本的汉语水平考试（HSK）、少数民族汉语水平考试（MHK）、商务汉语水平考试（BCT）、旅游汉语水平考试、文秘汉语水平考试、中小学汉语水平考试（YCT）等，以及台湾地区的华语文能力测验（TOP – hanyu）。

这些不同的测试都有各自不同的划分等级的标准和各自不同的分数等级及其解释方式。如，汉语水平考试（HSK）分成基础、初中等和高等共 11 个水平等级；新汉语水平考试分笔试和口试两部分，笔试和口试是相互独立的。笔试包括六个级别；口试包括初、中、高三个级别。口试采用录音形式；少数民族汉语水平考试（MHK）分成 4 个等级。台湾的华语文能力测验（CPT）分成初、中、高三等共 7 个水平等级。

5.2.1 汉语水平考试（HSK）

1. 考试宗旨

中国汉语水平考试（HSK）是为测试母语非汉语者（包括外国人、华侨和中国少数民族考生）的汉语水平而设立的国家级标准化考试。中国汉语水平考试（HSK）由北京语言大学汉语水平考试中心设计研制，包括基础汉语水平考试〔简写为 HSK（基础）〕，初、中等汉语水平考试〔简写为 HSK（初、中等）〕和高等汉语水平考试〔简写为 HSK（高等）〕。

HSK（基础）适用于具有基础汉语水平的汉语学习者，也就是接受过 100～800 学时现代汉语正规教育的学习者（包括具有同等学历者）。HSK（初、中等）适用于具有初等和中等汉语水平的汉语学习者，也就是接受过 400～2000 学时现代汉语正规教育的学习者（包括具有同等学历者）。HSK（高等）适用于具有高等汉语水平的汉语学习者，也就是接受过 3000 学时和 3000 学时以上的现代汉语正规教育的学习者（包括具有同等学历者）。

考试合格者，可以获得《汉语水平证书》，其效力如下：

（1）作为达到进中国高等院校入系学习专业或报考研究生所要求的实际汉语水平的证明。

（2）作为汉语水平达到某种等级或免修相应级别汉语课程的证明。

（3）作为聘用机构录用人员时评价其汉语水平的依据。

2. 考试方式

HSK 考试（初中等）考试未设口语考试，仅在高等考试中设有口语考试内容。

　　HSK（高等）口语考试用的是半直接式的口试方法，注重考查考生在现实生活中的口语交际能力。口语试卷采用的是书面形式，包括试题和文字提示。考试时间为 20 分钟，前面十分钟是考生的准备时间，后面十分钟是答题时间。准备时可以写口试提纲，作为回答问题时的参考。提纲可以写在考题下面的空白处。考试是用录音的形式记录学生答题的，学生的口试答案都要录在一盘空白磁带上，录音机由主考人统一操作。

　　考试共有两项：

　　朗读一段文章，时间约用 2 分钟。

　　口头回答指定的两个问题，每个问题约用 3 分钟。

　　考试开始后，考生需按规定时间完成每一项考试内容，回答问题不能过于简单。

　　考试过程大致如下：

　　考试前，考生在老师发给的空白磁带盒所附卡片上填入考生序号、试卷号、姓名、国籍等信息。

　　考试开始，考生听到"现在开始进行口试"的指令后，按照卡片上填写的内容说："我的序号是××××，试卷号码是××××××。我的名字叫×××，我是×国人。现在我开始朗读文章。"

　　朗读完毕，中间不停顿，继续说："朗读完了，现在我回答第一个问题。"

　　第一个问题回答完以后，中间也不停顿，接着说："第一个问题回答完了，现在我回答第二个问题。"

　　第二个问题回答完以后，说："问题全部回答完了。"

　　考试结束，由主考统一关机。

　　3. 口试形式与内容

　　HSK（高等）口试试题由两部分组成：第一部分是一段约 250 字左右的短文，学生朗读短文，材料一般选择的是流畅上口的陈述性材料，材料中包含一定数量的丁级词和超纲词；第二部分由两个问题组成，第一个问题是介绍性或描述性的，第二个问题是议论性或说明性的。

如 2009 年 4 月 18 日 HSK（高等）口试题（北京语言大学汉语水平考试中心）：

1. 朗读内容大致如下：

我最喜欢中国古代建筑的一个名称，叫做"亭"。爬山累的时候，你会忽然发现有一个亭子；走到溪流旁边，也会有一个亭子让你歇脚。有亭子的地方其实就是让你停下来的地方，它虽然是一个建筑空间，但也是一种提醒和暗示：停一下吧，因为这边景观美极了。

"亭"一定是可以眺望风景的地方。研究中国美术史的人都知道，宋代绘画里凡是画亭子的地方，一定是景观最美的地方。设置亭子意味着到了最美的地方，应该停一停，如果不停下来就欣赏不到美了。所以生活美学的第一课应该是：懂得停一下。

2. 说话题目：

①你最想在什么样的地方居住？请描述一下你心目中理想的居住环境。

②你们国家有没有出现人口老龄化问题？如果有的话应该怎样解决？如果没有的话你认为应该怎样预防？

4. 测评标准

为了减少评分的误差，HSK（高等）口试采取的是多人评分（multiple marking）的方法，即两人或两人以上分别为同一学生评分，其得分取评分人所给分数的平均分。如果评分员有较高的水平，能够掌握评分标准，就可以明显提高评分质量。

HSK（高等）口试部分采取的是综合式评分的办法，三人一组，集体阅卷，独立给分。若三人所给分数都在一个等级内，则取平均分。若任意两人评分超过 1 分，则需要交由专家组复评。在评分的过程中，为使评分更标准、更客观，HSK（高等）还通过一系列规定来指导评分员的评分。如

（1）首先按照口语考试 5 级标准①，对试卷进行试评，各选出 5 个标杆样本，作为口试阅卷评分的总体参照。

（2）为了使分数能更准确地反映考生的实际水平，评分时，将 5 级分数分解成 12 小级：5，5－，4＋，4，4－，3＋，3，3－，2＋，2，2－，1，0。5 级没有 5＋，1 级没有 1＋和 1－。

（3）为了减少由时间造成的对标准把握的评分误差，每一个评分单元就要让评分员重新听标杆样本，并试评。通过试评调整自己的评分标准，以保证把握标准的准确性。

（4）为了加强评分信度，评分过程中还要进行两项重评信度实验：

①对于同一组答卷，一个评分组评阅后，由另一评分组重评，进行组际重评。

②对于同一组答卷，一个评分组评阅后，过一段时间，本组进行重评，进行本组重评比较，以不断调整对评分标准把握的准确性，保证评分信度。

这种口语测试方法归纳起来有以下几方面的优点。

（1）同步考试，使试题标准化成为可能。标准化试题具有较高的可靠性、稳定性和统一性，因此标准化试题的采用，可以避免以往"平行

---

① 北京语言大学汉语水平考试中心制定的口语考试五级标准如下：

　　5 级——内容充实，能用语音语调纯正的普通话得体流利地表达思想。词汇丰富，使用恰当。能比较形象、生动地描述事物，语气自然。语法结构清楚，能较熟练地使用汉语中常用的口语句式，并能根据交际需要变换句式和说法。有极个别语音语法错误，但不影响交际。口语表达接近以汉语为母语者。

　　4 级——内容较充实，词汇较丰富且使用正确。语音语调较好，语气不生硬，表达尚流利得体，但时有不恰当的语音停顿。语法结构基本清楚，有个别语音语法错误，但不影响交际。

　　3 级——内容尚完整，语音语调基本正确，能较清楚地表达思想。词汇较丰富，但有时词不达意。语言尚流利，但不恰当的语音停顿较多。有一些语音语法错误，基本上不影响交际。

　　2 级——基本能表达思想，但内容不充实。有一定的词汇量，但往往词不达意。语音、语法及词汇使用上的错误较多，常常影响交际。

　　1 级——能表达一定的思想但较零乱。语音、语法及词汇使用上的错误很多，以致严重影响交际。

试题"不平行造成的因试题难度不一而影响考试信度和效度的现象。

（2）便于试题的保密。因考生在同一时间内进行考试，不存在已考学生与未考学生交流试题的现象，所以能够切实做到试题的保密。

（3）可以缩短考试的时间总长而相应地增加人均考试的单位时间，使得教师可以适当增加题型，从较多方面考察学生的实际口语水平。

（4）口语录音的形式，可以比较准确地记录学生口语测试的情况，特别是语音（包括声、韵、调、轻重音、语气、语气停顿等）的情况。教师也可以反复查听和比较，避免过去那种单凭印象、凭记忆打分的偏差，从而提高评估质量。同时，也便于教师对学生作测试后的指导，从而更充分地发挥测试的反拨效应。

（5）可以建立考生口语测试录音带档案，便于教师收集和查询考生的口语动态资料信息。同时，也有助于上级教学部门对口语成绩测试的监督检查。

目前 HSK 已具有完整的体系，初步达到了命题、预测、阅卷评分及分数解释的标准化和预测统计分析、试题等值、考试报名、阅卷、成绩报告等的计算机化。从 1998 年 9 月开始了 HSK 题库计算机自动生成试卷系统的课题研究，到现在已形成了一个初具规模的 HSK 题库和试卷计算机自动生成系统。

5.2.2　新汉语水平考试（HSK）

1. 考试宗旨

国家汉办 1990 年在国内开始实施汉语水平考试，1991 年正式推向海外，主要为来华留学生设计的，考试内容以对考生的语言知识考查为主。考试在一定时期适应了以来华留学生为主的汉语学习者的需要。但是，近年来，随着孔子学院在世界各地的建立，"汉语热"持续升温，汉语考试的主要需求群体已从来华留学生转变为海外汉语学习者。在此背景下，国家汉办组织中外汉语教学、语言学、心理学和教育测量学等领域的专家，在借鉴近年来国际语言测试研究最新成果的基础上，以《国际汉语能力标准》为依据，研发出了新汉语水平考试并于 2009 年 11 月起逐步推出。

新 HSK 是一项国际汉语能力标准化考试，它关注评价的客观、准确，更重视发展考生汉语应用能力。它遵循"考教结合"的原则，设计出了与目前国际汉语教学现状、使用教材紧密结合的考试形式，其目的是"以考促教"、"以考促学"。新 HSK 考试制定了明确的考试目标，便于考生有计划、有成效地提高汉语应用能力。重点考查汉语非第一语言的考生在生活、学习和工作中运用汉语进行交际的能力。

新 HSK 延续原有 HSK 汉语水平考试的定位，面向成人汉语学习者。其成绩可以满足以下用途：

（1）为院校招生、分班授课、课程免修、学分授予提供参考依据。

（2）为用人机构录用、培训、晋升工作人员提供参考依据。

（3）为汉语学习者了解、提高自己的汉语应用能力提供参考依据。

（4）为相关汉语教学单位、培训机构评价教学或培训成效提供参考依据。

2. 考试方式

新 HSK 分笔试和口试两部分。笔试和口试是相互独立的。笔试包括 HSK（一级）、HSK（二级）、HSK（三级）、HSK（四级）、HSK（五级）和 HSK（六级）；口试包括 HSK（初级）、HSK（中级）和 HSK（高级），口试采用录音形式。

表 37　新汉语水平考试笔试及口试等级

笔试	口试
HSK（六级）	HSK（高级）
HSK（五级）	
HSK（四级）	HSK（中级）
HSK（三级）	

笔试	口试
HSK（二级）	HSK（初级）
HSK（一级）	

新 HSK 各等级与《国际汉语能力标准》《欧洲语言共同参考框架（CEF）》的对应关系如下表所示：

表 38　新 HSK 各等级与《国际汉语能力标准》《欧洲语言共同参考框架》的对应关系

新 HSK	词汇量	国际汉语能力标准	欧洲语言框架（CEF）
HSK（六级）	5000 及以上-	五级	C2
HSK（五级）	2500	五级	C1
HSK（四级）	1200	四级	B2
HSK（三级）	600	三级	B1
HSK（二级）	300	二级	A1
HSK（一级）	150	一级	A1

在考试结构和分级体系上，新汉语水平考试与欧洲语言共同参考框架相对应，从之前的基础、初中等和高等的 3 套试题共 11 个级别，调整为现在的 6 级别考试，每个级别都有对应的目标要求和试题。这样的分级更加合理，信度、效度和区分度更加稳定，便于考生根据自身汉语学习情况有选择、有计划、有成效地提高汉语应用能力。

六个等级水平描述如下①：

通过 HSK（一级）的考生可以理解并使用一些非常简单的汉语词语和句子，满足具体的交际需求，具备进一步学习汉语的能力。

通过 HSK（二级）的考生可以用汉语就熟悉的日常话题进行简单而直接的交流，达到初级汉语优等水平。

通过 HSK（三级）的考生可以用汉语完成生活、学习、工作等方

① 国家汉办/孔子学院总部：新汉语水平考试（HSK）介绍

面的基本交际任务，在中国旅游时，可应对遇到的大部分交际任务。

通过 HSK（四级）的考生可以用汉语就较广泛领域的话题进行谈论，比较流利地与汉语为母语者进行交流。

通过 HSK（五级）的考生可以阅读汉语报刊杂志，欣赏汉语影视节目，用汉语进行较为完整的演讲。

通过 HSK（六级）的考生可以轻松地理解听到或读到的汉语信息，以口头或书面的形式用汉语流利地表达自己的见解。

新汉语水平考试对词汇的要求进行了调整，根据交际情境和交际任务建立了新的分级词表，摒弃了已不能反映当下语言生活状况的过时词汇。考试不单独考查语法和语言知识，而更加注重交际任务中的语境。

3. 口试形式与内容

旧 HSK 只在 HSK（高等）中包含口试，且考试形式较为简单。新 HSK 在初、中、高三个水平均设置了口语考试，独立于 6 个笔试之外。口试与笔试分离，便于考生根据自身实际情况报考。考生可以不受笔试成绩影响，自由报考任一等级的口试。考试选用日常生活中的真实照片，使试题更加贴近交际实际，增加了其趣味性。考虑到部分考生口语能力较好而识字或阅读能力不强，为提高口语考试的效度，口语考试 1、2 级加注了拼音，降低了认读汉字的难度。另外，在试题语料选择上，新 HSK 口试也加强了试题的文化性和趣味性。

新 HSK 口试题型：

HSK 口试（初级）分三部分，全部考试约 17 分钟。包括听后复述（15 题，4 分钟）；听后回答（10 题，3 分钟）；回答问题（2 题，三分钟）。

HSK 口试（中级）分三部分，全部考试约 21 分钟（含准备时间 10 分钟）。包括听后复述（10 题，3 分钟）；看图说话（2 题，4 分钟）；回答问题（2 题，4 分钟）。

HSK 口试（高级）分三部分，全部考试约 24 分钟（含准备时间 10 分钟）。包括听后复述（3 题，7 分钟）；朗读（1 题，2 分钟）；回答问题（2题，5分钟）。

4. 测评标准

新汉语水平考试细化了考务操作规范，制作并下发了新汉语水平考试手册和各种辅助材料，系统介绍考试内容和规则的考生手册也以中英文对照方式发布到世界各地考生手中；针对新汉语水平考试的题型特点，评分的方式也作了较大的改进，提高了客观题的评分效率，对主观题也采用了多人评阅、交叉评阅、逐级质量审核的控制流程，确保了新汉语水平考试结果的准确与权威。

考试实行全程质量监控，从考试材料、实施、评分计分和分数解释等方面进行标准化管理，保证汉语考试的科学性和权威性。汉办会定期举行考点工作大会，每年都举行若干次考务培训和主、监考认证，这些都是为了保证各考点在实施考务的过程中，本着一个标准来规范执行考务。从2009年8月起，汉语考试网上报名系统启用，也使全球的考务更加规范。

在新 HSK 口试评分过程中，评分员所给分数首先要转换为标准分，然后，再将标准分转换为书写分测验新的 HSK 分数。

评分标准如下①：

表 39　HSK 口试（初级）

	题量	分值	满分
第一部分	15	2	30
第二部分	10	3	30
第三部分	2	20	40
合计	27	/	100

---

① 国家汉办/孔子学院总部：《汉语水平考试考生手册》，第7~8页。

表 40　HSK 口试（中级）

	题量	分值	满分
第一部分	10	3	30
第二部分	2	15	30
第三部分	2	20	40
合计	14	/	100

表 41　HSK 口试（高级）

	题量	分值	满分
第一部分	3	10	30
第二部分	1	20	20
第三部分	2	25	50
合计	6	/	100

5.2.3　少数民族汉语水平考试（MHK）

1. 考试宗旨

以前，中国少数民族地区的汉语水平也是采用 HSK 来进行测试的。但是，HSK 试题主要是针对成年人和外国人设计的，因此存在一些不适合我国国情和少数民族学生学习汉语的缺陷。为满足少数民族地区汉语教学的需要，建立适合少数民族学习汉语的科学评价体系，以便提高少数民族实际运用汉语的能力，教育部组织开发了专门为测试母语非汉语少数民族汉语学习者的国家级标准化汉语水平考试，也就是少数民族汉语水平考试（简称 MHK）。它主要考查应考者实际运用汉语进行交际的能力，考查应考者运用汉语工具完成生活、学习、工作和社会交际任务的能力。MHK 的设计力求遵循第二语言教学与学习的规律，顺应全面推行素质教育的要求。

在以往对少数民族学生汉语水平的考查中，偏重对特定汉语知识的记忆，尤其是对特定教材中的汉语知识的记忆，考试成绩不能全面、真实地反映考生实际的汉语应用能力。在教育部民族教育司的主持下，从1997 年开始在新疆、吉林延边等地进行"中国汉语水平考试（HSK）"的试点。

MHK 的用途主要有：

评价应考者在不同汉语学习阶段中是否达到预期的学习目标，帮助他们了解自己在学习进程中的学习效果；

有关部门在招生、招工、人员任用等决策过程中评价应考者汉语水平的依据；

各类学校允许学生免修汉语课程的参考依据；

以汉语授课教师的任职资格评审的参考依据之一；

汉语教学机构汉语教学效果评价的参考依据之一。

2. 考试方式

少数民族汉语水平考试分为笔试和口试两个部分。四个不同等级分别从听力理解，阅读理解，书面表达和口语表达等方面通过主观试题和客观试题相结合的方式，全面考查考生运用汉语进行交际的能力。少数民族汉语水平考试将对语法的考查寓于对听、说、读、写等语言技能的考查之中，在语用之中考查语法，没有专门设立语法知识考试项目。

MHK 吸收了 HSK 考试的成果，同时在结合少数民族考生的心理特征和认知特点上，增加了对汉语口语和写作的要求。

笔试和口试分开进行，在同一天考试，笔试结束后进行口试。口试采用计算机人机对话的形式进行。

各个级别的听力、阅读、考试均采用客观性试题，在一、二级考试中包含汉字书写，在三、四级考试中，包含书面表达。书面表达考试中包含客观性、半主观性和主观性别试题。口语表达采用主观性试题。

MHK 的口试部分在笔试之外单独进行。通过同级笔试的达标者，有资格报名参加口语考试。口试采用"考评员负责制"，以"一对一"方式进行，由考评员根据考试标准对应考者的实际口语表达水平以面试方式进行考查。口试可以在一次面试中完成，也可以根据需要通过多次面试完成。口试成绩不计分数，分为"合格"和"不合格"，仅评定考生是否达到规定的等级要求。口语考试成绩单独报告。

3. 考试形式与内容

MHK 四个级别都包含笔试和口试两部分，四个级别的笔试中都包含听力理解、阅读理解和书面表达几个部分。

MHK 一级适用于接受过 400～800 学时汉语正规教育的小学毕业生，包括 70 道客观题和作文，考试时间 75 分钟。

MHK 二级适用于接受过 800～1200 学时汉语正规教育的初中毕业生，包括 90 道客观题和作文，考试时间 110 分钟。

MHK 三级适用于接受过 1200～1600 学时汉语正规教育的高中毕业生，包括 95 道客观题和作文，考试时间 120 分钟。

MHK 四级适用于接受过 1600 学时以上汉语正规教育的大学生，包括 50 道客观题、20 道"听后写"题目和作文，考试时间 120 分钟。

4. 测评标准

中国少数民族汉语水平等级考试从低到高分为四个等级。对经考试达到某一等级标准者，授予相应的等级证书。从一级到四级，考生汉语水平的发展不仅体现为语言知识的不断积累增长，而且表现出语言交际能力的不断提高：

一级标准

通常接受过 400～800 学时的现代汉语正规教育的初学者可以达到此标准。达标者掌握全部甲级词和少部分乙级词，可以适应初级民族中学中用汉语授课课程的学习。可以听懂日常生活和学习活动中的简单的用语，可以完成简单的口头交际任务。可以用汉语认知一些很具体的信息，包括人物，地点，事件，时间和事物特征，以及数量、类型、动作、过程等。可以正确地书写常用汉字，能用一些最基本的词语写出一些简单的句子，可以基本正确地理解简单的陈述句、祈使句和疑问句。

二级标准

通常接受过 800～1200 学时现代汉语正规教育的学习者可以达到此

标准。达标者掌握全部甲级、乙级词和部分丙级词，可以适应高级民族中学用汉语授课课程的学习。能用汉语就日常生活，学习和一定范围内社会活动进行交际，可以完成一般日常生活和语言交际任务。能用汉语对具体行为和活动目标、途径、条件、方法、各种可能性做出判断、说明和概括；能用汉语进行一些简单的推理。能根据所提供的信息材料判断一些前提、条件。基本掌握汉语单句句式和一部分复句句式，较为熟练地使用简单的陈述句、祈使句和疑问句。在日常生活和社会交往中，可以正确使用较多的常用汉字完成简单的书面表达任务，可以写简单的通知，条据类日常应用文。

三级标准

通常接受过 1200～1600 学时现代汉语正规教育的学习者可以达到此标准。达标者掌握全部甲级、乙级、丙级词和部分丁级词，可以适应汉语授课的普通高等学校的学习。在生活，学习和工作中能使用汉语进行正常交际，在汉语授课课程的学习中基本没有听力和阅读方面的障碍。可以理解一些比较抽象的概念，概括事物的基本特征和要点，分析事情的原因，作出合理的推断；可以用汉语以口头和书面方式简单叙述事情的发展过程，做出简单的评论；可以较熟练地正确书写常用句子，会使用常用标点符号。在一般的叙述、说明、分析性语段写作上，基本没有语言文字、一般句式和常见汉文化方面的障碍。可以阅读科普文章和新闻报道。可以做笔记、记录、写信，并能按要求完成归纳、概括、缩写等书面表达任务。可以撰写一般性学习活动的经验总结和常见叙述文、应用文。

四级标准

通常接受过 1600～2000 学时现代汉语正规教育的学习者可以达到此标准。达标者掌握全部甲级、乙级、丙级、丁级词以及一些四级词表以外的词。能听懂广播、电视中的时事新闻、专题节目和娱乐节目。汉语口语流利，能自如地进行各种社会交际活动。可以运用汉语进行专业工作方面的交际；可以用汉语进行演讲，用汉语撰写专业文章；基本可以用汉语进行思维。可以理解一些抽象的概念，包括原因、结果、理由、证据、解释、比较、对比、类比、主题等。在语调、语气和语感的把握和运用方面，基本上与母语为汉语者没有明显的差距。①

《中国少数民族汉语水平等级证书》分为笔试等级证书和口试等级证书两种。不同级别的证书是应试者实际汉语水平的证明。笔试成绩包括总成绩和听力理解、阅读理解、书面表达三项单项成绩。笔试总成绩和单项成绩均以标准分方式报告。各个级别的笔试总成绩满分为 300 分。各个单项成绩满分为 100 分。参加与笔试同一级别的口语考试合格者可获得相应等级的口试等级证书。

5.2.4　华语文能力测验（TOP – Hanyu，台湾）

1. 考试宗旨

台湾华语文能力测验（Test of Proficiency – Hanyu，TOP – Hanyu）的前身是 2003 年台湾师范大学国语教学中心、华语文教学研究所与心理教育测验中心三个团队所共同研发的《华语文能力测验》（Chinese Proficiency Test，CPT），是一种专为母语非华语之人士研发的第二语言能力测验。

2005 年 11 月，台湾教育行政管理部门委托台湾师范大学成立"华语测验中心"，承接华语文能力测验的研发与推广工作。2007 年 1 月起，华语测验中心正式更名为"国家华语测验推动工作委员会"，积极促使"华语文能力测验"转型并为全球汉语学习者提供具有公信力的标准化的语言测验。

通过华语文能力测验等级标准者将取得证书，这一证书可作为"台湾奖学金"申请的参考标准；"海外联招会"免试地区中文科目的参考标准；台湾大专院校招收外籍学生的华语能力参考标准以及求职所

---

① 《少数民族中小学汉语课程标准解读》第八章：中国少数民族汉语水平等级考试（MHK）

需的华语能力证明。

2. 考试方式及题型设计

TOP – Hanyu 的内容可分成三个部分：听力测验、词汇语法测验及阅读测验，考试时间约为 110 分钟，三等各有 120 题，皆为单选题。详细的说明请见下表：①

表 42 华语文能力测验形式、题数及时间

项目 / 类别	听力 50 题	词汇语法 30 ~ 40 题	阅读 30 ~ 40 题	测验时间
	约 40 分钟	共 70 分钟		
基础 80 题	看图释义 10 题 问答理解 10 题 对话理解 10 题 完成对话 10 题	单句理解 10 题 看图释义 10 题 选词填空 10 题 完成段落 10 题	适合在台湾学习半年（约 240 个小时），或能掌握 800 个基础词汇	约 80 分钟
初等 120 题	单句 20 题 对话 20 题 段落 10 题	词汇 20 题 语法 20 题	单句 10 题 材料形式 20 题	约 110 分钟
中等 120 题	单句 15 题 对话 20 题 段落 15 题	词汇 10 题 语法 20 题	单句 10 题 材料形式 10 题 短文 20 题	约 110 分钟
高等 120 题	单句 15 题 对话 20 题 段落 15 题	词汇 20 题 语法 10 题	单句 10 题 短文 30 题	约 110 分钟

（1）听力测验（Listening Comprehension）

听力测验用于考察考生对汉语口语的整体理解能力。这部分包括 50 个选择题，分为单句听力、对话听力与段落听力三部分，每题只念一次；考试时间大约为 40 分钟。考生将听到各种以中文录制的陈述、问题、对话及话题，然后需根据所听到的内容回答问题。

（2）词汇语法（Vocabulary & Grammar）

词汇语法主要测试考生掌握汉语词汇与语法的能力。这部分包括 30 ~ 40 题的选择题，分为词汇和语法两部分。

---

① 华语测验推动工作委员会：《华语文能力测验考试指南》。

（3）阅读测验（Reading Comprehension）

阅读测验主要测试考生阅读汉语材料及短文的能力。这部分包括30～40个选择题，分单句阅读、真实材料阅读及短文阅读三部分：初等项目分单句及材料阅读两部分；中等包括单句、材料及短文阅读；高等则包括单句及短文阅读。考生阅读单句、各式材料及多种题材的文章，然后回答相关问题。

3. 测评标准

初等测试的重点在考察考生日常生活的一般沟通能力，因此阅读项目以真实材料为主，例如，便条、日记或广告，而不采用短文阅读的形式。中等能力测试重点在语言段落的理解分析能力上；高等能力测验则着重语言使用的广度和精熟度，可以从词汇项目侧重考近义词用法、辨析等。三等卷子依据分数高低排列，初、中等又各分了两个等级，高等卷子分为三个等级，所以是三等七级的架构。

基础测验有80个选择题，每题1分，满分为80分；初、中、高三等测验各有120个选择题，每题1分，满分为120分。

成绩单将依照测验项目列出考生各分项成绩、总成绩及证书等级，考生可藉此了解自己各分项的能力，并作为日后个人学习的参考依据。

参加基础华语文能力测验总成绩达62分以上的考生，可以得到证书。取得证书的条件说明如下：

（1）成绩达该级总分，且三个单项分数中有两个达到标准，可得到该级证书。

（2）成绩达该级总分，但仅有一个单项分数达该级标准，则授予该等次一级证书。

（3）成绩未达该等最低总分，不授予证书。

表 43　口语能力等级描述

TOCFL	CEFR	华语文口语能力描述
基础级	A2	1. 能对于人物、生活或工作条件、每日例行工作、喜欢及厌恶等事物进行简单描述。 2. 能使用简单的词组或句子连贯来呈现；能叙述一个故事。

续表

TOCFL	CEFR	华语文口语能力描述
进阶级	B1	1. 能合理地、流利地对于自己感兴趣的不同主题，进行直接且连贯的描述。 2. 能根据书本或影片剧情，进而描述自己的感想。 3. 能描述梦想、希望及期望；能描述真实或想象事件。
高阶级	B2	1. 对于感兴趣的话题，能清晰、流利地表达意见。 2. 对于一般性议题或有争议的内容，能提出个人见解、举例，并有组织地详细说明理由。
流利级	C1	1. 对于复杂主题或各类话题，能流利、详细地讲解、描述。 2. 能得体地应对反对意见，论证层次清晰，结论完整合理。

表 44　华语文能力测验证书等级分数范围①

测验类别	分数等级	等级分数范围			
		听力	词汇语法	阅读	总分
初等	1	38 ~ 42	31 ~ 34	23 ~ 25	92 ~ 103
	2	43 ~ 50	35 ~ 40	26 ~ 30	104 ~ 120
中等	3	37 ~ 41	23 ~ 25	30 ~ 33	90 ~ 101
	4	42 ~ 50	26 ~ 30	34 ~ 40	102 ~ 120
高等	5	32 ~ 36	20 ~ 22	27 ~ 29	81 ~ 89
	6	37 ~ 41	23 ~ 25	30 ~ 33	90 ~ 101
	7	42 ~ 50	26 ~ 30	34 ~ 40	102 ~ 120

表 45　TOP – Hanyu 与 HSK 成绩对比②

---

① 华语测验推动工作委员会：《华语文能力测验考试指南》。

② 同上。

5.2.5　汉语口语水平测试（HKC）

1. 考试宗旨

由天津市语言文字培训测试中心研发的汉语口语水平测试（HKC），是针对母语非汉语人群测量汉语口语水平的一种标准参照性考试，是教育部、国家语言文字工作委员会为构建中国全方位、立体化的汉语言文字测试体系，满足国际汉语学习交流的需要而设立的一项语言类标准化水平测试。它为评价和检验母语非汉语人群、华人华裔掌握汉语口语能力水平提供了客观的测试标准。该测试 2009 年 5 月正式推出，被称为汉语的"托福考试"。

2. 考试方式

HKC 每年考两次，共分三等九级，采用人机对话的互动形式完成。测试从形式到内容充分体现了生活化和中国化，贴近生活实际，实现考、用统一。从最基本、较广泛、更广泛三类生活领域入手，解决生存、生活问题并满足人生发展的精神文化需求，同时将中国文化的精髓融入其中，构成三维测试体系，最终达到通向中国、通行中国、通晓中国三个能力层级。测试内容中融合了中国文化，考查应试者的汉语理解、表达、交际能力及普通话水平。

HKC 改变了汉语考试"重读写、轻听说"的现状，填补了针对母语非汉语人群汉语口语测试的空白，为全方位构建汉语评价体系和汉语国际推广作出了积极贡献。

3. 口试形式与内容

命题改变了过去以语言知识和结构为主的测试形式，突出生活化和实用性，采用图片、视频、录音和文字拼音相结合等多种方式进行测试。为时半小时的测试中，应试者要完成读词、读句、回答问题、设问、复述、描述和说话 7 个部分的全部测试题目。

如下表，按照由易→中→难的顺序，设计了七种题型。

表 46 HKC 题型①

考查要素	测试题目	试题数量	测查目的	答题时间		命题要素
语音	1. 朗读屏幕上的词语	80 个音节	声韵调的准确程度	4′35″	答题时间总计 13′（测试全程约 20 分钟）	每个声母韵母不少于 2 次、四声平均分配
	2. 朗读屏幕上的句子	10 个句子	语气语调的正确程度	50″		陈述句 3 个、疑问句 5 个、祈使句 1 个、感叹句 1 个
理解	3. 看画面，听要求回答问题	2 类画面，10 个问题	获取信息和理解话语的能力	50″		1. 选择的任务：选择日常生活最基本领域内任务（居家生活、饮食购物、学习工作、爱好特长、身心健康）。 2. 设计的问题：以衡量应试人是否具有在日常生活最基本领域运用汉语进行交际的能力为原则。 3. 复述的句子：选择常用单句，主谓句及非主谓句（不包括特殊句式）。 4. 说话题目选择的生活领域：最基本领域 + 最基本领域。
	4. 根据需要完成的任务，听要求提出问题	2 个任务，6 个问题		1′		
表达	5. 将听到的内容重复说一遍	2 个情境，10 个句子	表达的准确程度	50″		
	6. 根据提示，说出看到的画面内容	2 段录像，2 个任务		2′		
	7. 根据所选择的题目说话	2 个话题，选择 1 个	在日常生活最基本领域运用汉语进行交际的能力	1′		

4. 测评标准

汉语口语水平测试分初、中、高三等，试题原始分为 150 分，分三部分："语音部分"包括朗读词语、朗读句子，朗读一段话共 30 分，占总分的 20%；"理解水平"部分包括回答问题、提出问题两个部分共

---

① 天津市语言文字培训测试中心：《汉语口语水平考试（HKC）介绍》。

30 分，占总分的 20%；"表达部分"包括重复所听到的特定情境中的句子、描述画面内容及选题目说话三项，共 90 分，占总分的 60%。

5. 测评质量保证体系

HKC 制定了一套有利于保证和监控试题质量和评分流程的规章制度，如《汉语口语水平测试命题说明》（包括《汉语口语水平测试命题任务单》、《汉语口语水平测试试题生产流程图》）；《汉语口语水平测试审题组题说明》（包括《汉语口语水平测试试题评审表》、《汉语口语水平测试试卷质量控制表》、《汉语口语水平测试试题、程序、视频脚本编码说明》），并制定了详尽的《汉语口语水平测试评分标准》（包括《汉语口语水平测试评分细则》）。

此外，HKC 中心配套研发的一系列软件，如《汉语口语水平测试信息管理系统》、《汉语口语水平测试网上报名系统》、《汉语口语水平测试测试系统》、《汉语口语水平测试评分系统》、《汉语口语水平测试测试质量分析系统》也为测试中心对整个考试过程进行科学、高效的管理及正确、迅速的评分、监控提供了保障。

5.2.6　实用汉语水平认定考试（C. TEST）

1. 考试宗旨

C. TEST 就是"实用中国语水平认定考试"（Test of Practical Chinese 以下简称 C. TEST），它用于测试母语非汉语人士在国际性环境中的汉语日常运用，旨在考查应试者在国际商业、贸易环境中使用汉语的熟练程度。其性质类似于英语的托业（TOEIC）考试。此项新型汉语水平考试由北京语言大学汉语水平考试中心研制，由中日双方联合推向市场。

C. TEST 测试成绩可以为用人单位在人员招聘、选拔、晋升等决策过程中评价相关人员的汉语口语交际能力提供科学、准确的参考依据。

2. 考试方式

C. TEST 分为初级和中高级两个能力等级，并分别进行测试。

作为中国国内唯一的面试型汉语口语考试，C. TEST 口试采用直接式口语测试方式。相比较 HSK 而言，C. TEST 更偏重实用性，尤其是衡量应试者在国际商业、贸易环境中使用汉语的熟练程度。另外，其听力的比重也比 HSK 更大。

3. 考试形式与内容

C. TEST 分为初级（E–F 级）和中高级（A–D 级）两个能力等级，两个等级两份试卷。其中，初级（E–F 级）包括听力理解、语法和阅读两部分，共有 9 种题型，140 题，考试时间约 115 分钟；中高级（A–D 级）包括听力理解、综合运用两部分，共有 10 种题型，160 题，考试时间约 150 分钟。

C. TEST 口语面试测验内容注重实用性，话题贴近日常工作和生活，考生在 15 分钟的考试时间里可以与考评员深入交谈、充分讨论，在轻松、友好的氛围中展现自己的汉语口语交际水平。

4. 测评标准

C. TEST 初级和高级两个级别，各有一份试卷。初级分为 E 级和 F 级，其单项分和总分都是以 300 为平均分，以 60 为标准差，分布范围在 0 到 500 之间的导出分数。高级分为 A、B、C、D 四个等级，其单项分和总分都是以 500 为平均分，以 150 为标准差，分布范围在 0 到 1000 之间的导出分数。

除了获得各单项分和总分之外，参加 C. TEST 的考生还将获得一份分数诊断报告。分数诊断报告内容包括对考生听力理解能力、读写能力的评价以及对考生从事交际性工作的状况的推断。相信这份诊断报告会对考生的日常生活、实际工作具有很强的指导作用。

5.2.7　其他汉语口语考试

此外，商务汉语水平考试（BCT）、旅游汉语水平考试、文秘汉语水平考试、少儿汉语水平考试（YCT，现中小学汉语水平考试）等考试，或尚未推出配套的口语考试，或还处于研发和推广阶段，在此不作详细介绍。

6 评论和思考

纵观国内外各类口语考试，我们不难发现，这些考试因语种、规模、用途、实施的方式和推行时间的不同而各呈千秋，可圈可点。归纳而言，这些考试在考试的设计，施测的组织，测评的方式等方面呈现的一些现象值得关注和借鉴。

1. 考试的评价体系更趋严密，测评指标更加细化，评价标准更具可比性。以语言能力标准为例。我们知道，语言能力标准是指导标准化语言测试的纲领性文件，任何一个标准的语言测试都有其相应的能力标准。目前，许多国家的教育管理部门或语言教育协会都制定了相应的语言能力标准，其中主要的有：欧洲的 ALTE 框架 2011、CEF《欧洲语言共同参考框架：学习、教学、评估》2001，美国的 ILR（FIS）量表 2011、ACTFL 水平指南 2012、"21 世纪外语学习标准"、加拿大语言等级标准（CLB）2000、澳大利亚 ISLPR 量表 1999、中国的"国际汉语能力标准"2007 和"汉语口语水平等级标准及测试大纲"（HKC2010）等。我们看到，无论是德语考试，如德福考试、德语语言毕业文凭考试、系列歌德证书，还是法语考试，如法语深入学习文凭考试、法语知识考试，或是西班牙语 DELE 考试，以及对外俄语等级考试等，都以CEF2001 为其考试等级测评参照标准。这样做有利于将相关考试的评价标准置于一个可在国际范围内比照的框架之内，使评价标准更具可比性，考试的设计、施测和评价更科学，从而促进外语教学质量保障体系的建立，有利于外语教学和人才的流动。

2. 测试的视角更全面，更注重对考生语言能力的考查。自上世纪70年代初交际法外语教学理念问世后，语言教学和测试已突破了传统的仅注重语言知识的藩篱，转向更全面的交际能力的培养和考核。如卡耐尔和斯魏恩指出，交际能力应该包括四个方面：语法能力（Grammatical Competence），即乔姆斯基所说的语言能力（Linguistic Competence）；社会语言能力（Sociolinguistic Competence）；话语能力（Discourse Competence）；策略能力（Strategic Competence）。我们看到，交际法的教学理念不仅体现在一些机构制定的语言能力标准文件内，如CEF《欧洲语言共同参考框架：学习、教学、评估》2001，也体现在一些考试项目中，一些口语考试已明确地将交际能力列入考核的项目中，如对外俄语等级考试。该考试第一部分试题的目的是测定考生在交际情景中按照要求运用最恰当的语言手段达到交际目的的能力，其中包括适当地反驳对方的观点，准确地表达高兴、惊讶、愿望、沮丧等情感的能力。再如初级英语考试（PET），该项考试不仅考核考生的语言能力，还考核考生交谈策略方面的能力，如考生开始新的谈话主题；转换话题；重新回到开始话题等策略的驾驭能力。由此可见，更注重对考生的语言运用能力的考核已是各类口语考试共同的趋向。

3. 计算机技术、网络技术应用于测试中，测试技术更先进，手段更完善。随着科学技术的发展，尤其是计算机技术的发展，人机对话，网络评分等手段纷纷运用于大规模标准化考试中。例如，美国应用语言学中心的研究人员开发了以计算机技术为基础的、用于大规模测试的评价系统——计算机口语水平系统（COPI），通过该系统考生可以在考试前将输入的个人信息与题库中的任务进行匹配，在计算机的帮助下选出最适合自己的话题。考试时COPI允许考生自己掌握准备时间和作答时间。考试结束后COPI采用计算机评分，由此减少了人为因素所导致的评分不公正现象。再如新托福口试采用人机对话模式，考生口语考试中的回应经过数字录音被发送到ETS在线评估网络，由两名专业评分人员进行评估，由此排除了考官对考生的影响和考生与考生之间的相互影响。计算机技术、网络技术的运用使得甚至像口语考试这类主观性很强的考试都能实行大规模的标准化的考试，节省了组织考试的人力和费用，也使考试更客观。

4. 测试程序更符合考生的心理特征，测评的反馈更具指导意义。任何一场考试，对考生而言，都是一场承受极大心理压力的博弈过程。尤其是口语考试时，因直面考官，考生压力之大更是可以想象。考试时情绪的调节，心理压力的缓解对考生水平的正常发挥有着极其重要的影响。我们注意到，有些考试，如口语能力面试（OPI），将考试程序设为四个部分，即"热身"（Warm – Up）、"摸底"（Level Check）、"探顶"（Probes）和"结束"（Wind – Down）。每一部分的设置都是从心理学、语言学及语料的可评估性三方面予以考虑的。以"热身"为例，热身的目的在于创造一个随和的交流气氛，为进一步交谈做铺垫。从心理学角度看，"热身"有助于消除考生的紧张心情。从语言角度看，"热身"有助于考生逐渐恢复对应试语言的掌握。同时，这一过程也有助于考官对考生的听说水平有个初步的了解。再如，高校德语水平考试。该考试在考官与考生讨论时设立了一个引子，这个引子可以是一篇短文，也可以是一幅图或一张图表。无论以什么作为引子，它都配置一些简单的问题。这样做有利于使考生逐渐适应考试的氛围，逐步过渡到后面作为口试主要部分的讨论环节，能促使考生正常发挥他应有的水平。我们还注意到，新托福考试在向考生反馈考试结果时，不仅向考生提供考试成绩，而且向考生提供分析性反馈。该反馈用语言描述考生的语法怎么样、程度怎么样，口语有什么薄弱环节、有什么强项等。这种诊断性的反馈对考生日后的学习有着很强的指导意义，值得借鉴与模仿。

上述归纳的国内外口语测试四个方面的现象对我们设计、组织新的大规模标准化的测试项目，或改进现有的测试项目具有很好的参考价值。

以汉语口语测试项目为例，如果我们将汉语口语测试作为一项独立的汉语语言能力测试来看待，那么首要的问题是弄清楚如何评价受试者的汉语语言能力，这个评价的前提应该是明确学习汉语的目的。利用汉语这个语言工具，进行包括生活、学习、工作等行为的跨文化交际恐怕是当前大部分外国人学习汉语的目的。那么我们可以把汉语口语测试视为用汉语进行口头交际能力的测试。这个测试必然包括了语言知识能力以及使用语言知识的能力，测试既要考查高度离散的汉语言要素能力，也要考查受试者在现实生活中进行交际的语言能力水平。

海姆斯认为，一个人的交际能力包括语言知识和使用语言的能力，意即交际能力的内部构成可以划分为两部分，一是语言技能，包括语音、语法、词汇等方面的知识和话语能力；另一方面是交际技能，包括解释、迂回、改正、重复、犹豫、猜测、语体转换等。（张和生，1997）卡内尔和斯维恩的"交际能力"概念在表述上更加明确，可操作性更强。交际能力包括：语法能力、社会语言能力、语篇能力和策略能力四个成分。"语法能力指遣词造句的能力；社会语言能力就是根据时间、地点、对象确定说什么和怎么说的能力；语篇能力就是组句成篇的能力；策略能力是指语言能力或语言手段不足时利用各种交际策略使交际活动得以顺利进行的能力。（王振亚，2005）

而测试的现场性和时限性决定了测试是一种更为直接的交际行为，因此试题的题型和内容以及评分标准的真实性和有效性至为关键。真实性是交际语言测试同其他测试相比最重要、最具标志性的特征。巴克曼和帕默（Bachman & Palmer, 1996）曾从两个方面来定义真实性，分别是情境的真实性和交际的真实性。情境的真实性指的是测试任务与目标语真实语境之间的一致性，而交际的真实性更强调受试与测试任务之间的互动性。此外还有四维真实观，在交际法语言测试理论的框架下，对前面观点进行了扩展，从四个角度定义语言测试的真实性：（1）测试任务的真实性（情景真实性）；（2）受试者与测试任务之间互动的真实性（交际真实性）；（3）参与者之间互动的真实性；（4）评分标准及其应用方式的真实性。（Spence – Brown, 2001）

测试所设计的情境应具备足够的信息量，信息应具有激发性，能诱导受试者作出交际反应，而测试中提供给受试者的语境材料也应尽可能真实。而有效性则要求能给出富于整体性的测试语境，从而真正实现互动，让测试内容能激发受试者给出其个人的观点和见解，从而表现出其完整的汉语口语交际能力。

在这个方面，我们要扭转素来用语法点考核学生表达能力的惯性。用语法点评分固然具有客观性和考官易于操作的优点，但是考察学生具体知识点的掌握情况会从根本上破坏言语交际的连贯性。人们在实际的语言交际中不是为了使用特定的词语或句型结构，语言表达的最终目的还是为了传递信息，交流思想。人与人思想的交流往往是连贯的，你来我往，交流中对话的双方不断调整自己的思路，不断地寻找合适的表达方式。我们在设计口语试卷时应该考虑如何摆脱练习中存在的机械、人为的痕迹，而是通过创造典型、真实的情境让学生能够较为自然地运用所学的内容。目前看来要达到这个水平还需要许多研究与积累，但我们只有看得远才能避免在较低的层次上止步不前。

此外，口语测试属于主观性测试，灵活性较大，标准不易确定，更不易掌握。因此，要特别重视对考官的选拔、培训、规范和监控。考官对所测试的口译能力必须有一致的看法，对评分标准必须有一致的理解，并且对评分标准的掌握始终保持一致。

最后，在对受试者评分给出测试结果的方式上，可以考虑根据卡内尔和斯维恩交际能力的四个构成成分的角度确定评分的标准。这样，学生最后得到的不再仅仅是一个分数，而是一张二维的成绩单。成绩单上除了表明考生综合口语水平等级外，还详细表明了其口语能力各项指标的等级，优势和薄弱环节一目了然。

目前国内进行的较大规模的口语考试基本都是采取的录音口试的方法。录音口试是借助录音磁带或计算机在语言实验室内进行的口语测试。交谈模式是"人机对话"，即考生根据录音要求，或提问和回答，或个人独白、对话和讨论，考生所有的语言活动均被录在磁带上或硬盘上以备评分之用。这样做的好处是保留间接型口试（主要指笔试型口试）的信度，相同的考题使测试信度得到保证。同时又能保留直接口试的交际特点和效度，因为学生必须开口说汉语，同时学生只有听懂了磁带中的指示和内容才可能进行对答，这是听和说的一种有效结合，也是现代交际语言教学原则的重要体现。在录音口试中，考试程序、考试材料、考官水平、评估过程等都可得到适当的控制。这种口试在实际操作上也有明显优势，大量的考生可同时参加测试，节省人力、物力。考生口语水平的发挥不受考官语言水平和情绪的影响。考生听磁带回答问题而不是和考官面对面交谈，可以减轻考生的心理负担。受过专业训练的评分人员根据磁带评分，可以反复听，进行对比分析，评分更加准确、公正，评分标准便于统一。此外评分时还可以避免考官受考生外表等外在因素的影响。

但录音口试也有其弊端：由于取消了"真实的交际对象"，采用"人机对话"，缺乏交际的真实性，考生无法综合利用体态语来辅助交际。如发现考生说得不清楚，或说得太少，难以评分。录音设备出了问题，磁带不清楚，难以弥补。

计算机口试是一种较为现代化的口语测试手段，整个口试过程，从考生报名、身份确认等考务管理工作，到学生答题以及最后的评分，都是借助计算机来完成的。交谈模式是"人机对话"，考生根据计算机上的提示和要求，完成整个答题过程，考生的所有语言活动通过计算机存储在硬盘或移动硬盘上，或刻录在光盘上以备评分时使用。与直接口试和录音口试相比，计算机口试除了能保持录音口试的优势外，还具有以下几种优势：刻录学生录音的光盘数量大大少于录音磁带的数量，这使光盘比磁带更便于管理和运输；考生可以在屏幕上和耳机里看到和听到试题，减少了"听"对测试口语水平的干扰；计算机不仅可以提供声音，还可以让考生看到具体的场景，和录音口试相比更接近于真实的交际；考生报名和身份确认以及最后的成绩统计，都实行计算机管理，这就大大节省了考务管理的时间和人力，提高了效率；计算机评分系统能显示两位评分员对同一考生录音的误差，如误差大，可及时复评，增加了评分的可靠性。其缺点在于：在计算机实验室进行口试，硬件设备要求高，各个考点需投入的资金多；尽管计算机可提供具体的场景，和传统的口试形式面试相比，还是缺乏交际的真实性，学生答题时，不能借助身体语言来配合交际的需要；一旦光盘出了问题，无法评分等等。

水平测试要全面测量测试对象的语言能力和语言交际能力，因此，理想的水平测试应当包括全部测试项目和测试内容。但是迄今为止，并不是所有的水平测试都包括全部测试项目和测试内容。词汇、语法、文化、语用是各个测试项目共同的测试内容。听和说用于口头交际，口头交际离不开语音，所以必须把语音作为听和说的测试内容之一；口头交际一般与文字无关，所以不必把文字作为听和说的测试内容。近两年刚刚推行的汉语口语水平考试（HKC）就是在这一理论指导下由天津市语委研发的。

那么，汉语作为第二语言测试中的口语测试能够从中得到哪些启示呢？

1. 命题方面。为了尽量提高非客观性试题的信度，编制和评阅时应注意以下内容：（1）命题应限于已有定论或争论较少的知识内容；（2）命题陈述要明确、具体，避免歧义和思想性错误；（3）一般不给学生随意选择试题作答的机会，否则，可能违背以此为依据对学生成绩进行比较性评定的初衷；（4）在设计题型时，要遵循一致性、有用性、真实性、互动性原则，使话题真实、鲜活且有趣味，能应用于真实的交际情境；（5）应从学生的实际情况出发，认真考虑测试题量的大小、内容难度的高低、考试时间的长短等诸多因素，力求真实地反映学生的口语水平。

2. 测试方面。要规范地制订测试程序，有效地规划测试题型。测试程序应包括：设计科学合理的测试内容，制定详尽的评分标准，规范测试的形式，选拔和培训合格的评分员等等。

3. 评分方面。鉴于口语考试的特殊性，我们只能选用主观性试题。

要想保证考试成绩评判的合理性，就要尽量从评分标准制定，评分人员选拔以及合理安排评分流程，调整评分员情绪等方面入手。由于评分人员的语言水平不同、对评分标准的理解不同以及个人情绪与健康状况的影响等，评分带有评分人员的主观因素。因此，确定明确、清晰、具有可操作性的评分标准，是提高口语测试的效度和信度的有效办法。首先，要预先制定详尽的标准答案，采用逐题评分和按答题要点给分的办法，尽量减少给分的主观随意性。其次，选拔和培训优秀的评分员并长期稳定聘用，以减少阅卷过程中因评分员不熟悉评分标准而产生的误差。另外，还要定期对评分员进行岗前培训，加强其对整个考试的理解和研究，努力缩小测试结果与受测者的实际口语水平存在的误差。最后，加强对阅卷流程的监控和及时调整。如实行封闭性两次阅卷，如果分数相差不大，取平均分，差别太大，则进行复审，力求客观等等。

最后，考试结束以后，在反馈给考生的成绩报告单中，除了各单项的得分和总分之外，还应附上一份分数诊断报告。分数诊断报告内容包括对考生语音、词汇、语法、语用等能力的评价以及对考生从事交际性工作的状况的推断。相信这份诊断报告会对考生日后的继续学习、日常生活以及实际工作起到很强的指导作用。

当然，如果考试组织单位能够像北京语言大学建立的中介语语料库一样，将每名考生的口试录音及其国籍、学习时间等背景资料一起留存下来，建立一个完备的口语语料库，那一定会成为海内外汉语教学和研究者研究汉语口语的语言宝库。

附录1：HSK（高等）口语水平评价标准①

标准 等级	语法	词汇	语音语调	流利程度	综合评价
1级	语句不通，表达不成句	用词不当	错误严重，影响理解	表达存在严重障碍	基本不具备汉语交际能力
2级	仅限于简单句子，错误较多	只能使用最基本词汇且错误较多	错误较多，经常影响理解	表达不连贯，不自然，存在较多障碍	只能在有限范围内用汉语进行最简单的交际
3级	能说出一般的句子，错误句子较少	能使用常用词且错误较少	有一些错误，但基本不影响理解	表达基本清楚，连贯，障碍较少	初步具备满足日常生活和学习需要的汉语交际能力
4级	能正确说出结构较复杂的句子	具有一定词汇量，能选用较合适的词汇表达	存在一些错误，但不影响理解	表达较连贯，自然	具备满足日常生活和学习需要的汉语交际能力
5级	能够成段表达，较正确地使用虚词和词序	具有较丰富的词汇量，根据语境选用较合适的词汇	仅存在少量错误	表达顺畅，自然，比较正确地使用关联词语	初步具备进行内容不限于日常生活、有一定深度的汉语交际活动的能力
6级	能够成段表达，形式丰富多样	具有丰富的词汇量且能正确使用一些低频词	基本接近持母语者的水平	表达顺畅完满，能正确恰当地使用关联词语	具备进行内容不限于日常生活、有一定深度的汉语交际活动的能力

---

① 北京语言大学汉语水平考试中心：《汉语水平考试评分细则》。

附录2：HSK（高等）口语水平五级评分标准①

采用五级评分制，全部分数等级由五个基准级和七个辅助级构成。五个基准级从低到高分别为：一级、二级、三级、四级、五级；七个辅助级从低到高分别为：2－，2＋，3－，3＋、4－，4＋和5－，没有1－和1＋，也没有5＋。

评分项目	评分标准
内容	1. 充实性：论述或陈述角度、方式的多样性程度，内容的多样性和纵深展开程度 2. 关联性：与题目要求的一致性程度
语法	1. 准确性：虚词和词序使用的准确性 2. 丰富性：语法表达手段的多样性，复杂句式正确使用的概率 3. 效率：对最简洁的表达方式的敏感性
词汇	1. 词汇量：词汇使用的丰富性和低频词正确使用的概率 2. 得体性：根据语境选用最恰当的词语的概率
语音语调	接近持母语者的程度
流利程度	1. 内在逻辑方面，条理性，层次感，衔接的顺畅和连贯程度，整体结构的复杂性、完整性和一体感 2. 关联词语使用的恰当性 3. 不恰当的停顿次数
等级	评分要点
5 级 （5－，5）	根据评分标准，学生的表现各方面均没有易于察觉的错误，表达顺畅完满，效果达到或几乎达到了持母语者能达到的程度
4 级 （4－，4，4＋）	根据评分标准，学生的表现在某些方面有少量可察觉的错误，但表达基本顺畅
3 级 （3－，3，3＋）	根据评分标准，学生的表现在各个方面均有可察觉的错误，表达在细节的次要的方面效果不够好，但基本上能实现交际目的

---

① 北京语言大学汉语水平考试中心：《汉语水平考试评分细则》。

评分项目	评分标准
2 级 (2，-，2，2＋)	根据评分标准，学生的表现在各个方面均有较多错误，表达有较大障碍，实现交际目的有较大困难
1 级 (1)	根据评分标准，学生的表现在各个方面均有严重错误，表达有严重障碍，无法实现交际目的

附录 3：新 HSK 高级试题样卷——口语

第一部分　听后回答问题

在这个部分，你首先会听到一段讲话或对话的录音，建议你边听边做笔记。录音结束后，你将听到一个问题，请根据题目要求回答问题。注意，听到问题后，你会有两分钟的时间整理笔记，准备答题。答题时间是三分钟

女 1：你好。我是从西安来的。这次女儿考上北京交通大学，我就是来送她报到的。

女 2：我有两个问题比较好奇，第一个她上大学，你为什么要送她啊？

女 1：也就是想她还是一个小孩，第一次出门吧。

女 2：是不是她们班同学都有家长送啊？

女 1：是的，一个孩子至少由两个家长送来。

女 2：最少两个家长？

女 1：我看到的是这样的情况。

女 2：还有四个家长来送的？那你能不能替我们分析一下，为什么会出现这样的现象？我记得在我们读大学的时候，从来没有家长送，都是新生自己一个人去报到。为什么现在会有这么大的变化？

女 1：我想可能是大家都只有一个小孩的原因吧。

男：我觉得原因主要有以下两点，第一个是不放心，因为独生子女嘛，从小依赖父母依赖惯了，父母呵护备至，突然自己要独立远行了，家长绝对不放心，所以一定要亲自去送。

第二个原因就是舍不得。孩子在身边从来没有离开过自己，我能送多远，就送多远，跟她多待一会儿。

女2：那么女儿不让你经常给她打电话，你的理解是她变得勤俭节约了呢？还是觉得嫌妈妈啰唆？烦呢？

女1：怕妈妈啰唆，烦。十二号报到完以后，她就跟我说妈妈你赶快走吧，你赶紧走。

女2：女儿有一天说这句话的时候，妈妈心里是什么感觉？

女1：觉得她长大了，能离开妈妈了，也挺欣慰的。我想最起码她自己是这样想的。

男：小孩一般到了十七八岁，就特别不愿意父母过多地干涉他们。你只要觉得她安全，就放心好了。其他的事，她长大得越快越好，实际上你应该感到欣慰。

你需要回答的问题：对父母亲自送孩子去大学报到，你有什么看法？谈谈你的理由。

第二部分　二选一回答问题

在这个部分，请你从以下两个问题中任选一题回答。你有两分钟的准备时间，答题时间是两分钟。

选答题目：

（1）在网络时代，报纸还有没有用？为什么？请谈谈你的看法。

（2）有人说最好的健身方法是走路，你是否同意这种说法？为什么？

附录4：新 HSK 初级试题样卷——口语

第一部分重复句子

在这一部分中，请你重复听到的 20 个句子。每听完一个句子，请你马上重复这句话。

比如，你听到："今天我们考试。"请你马上重复说："今天我们考试。"请注意，请你在听到提示音后开始重复，在听到另一个提示音后停止重复，每个句子的重复时间是 10 秒钟。在正式开始前，请先试着重复两句话。这两句话是练习题，不记分。

1 祝你生日快乐！

2 她昨天买了一件新衣服。

4 外边儿好大的风啊！

第二部分简短回答

在这一部分中，请你回答 20 个问题。每听完一个问题，请在听到提示音之后开始回答，在听到另一个提示音之后停止回答。请注意，前 10 个问题的回答时间是每题 10 秒钟，后 10 个问题的回答时间是每题 15 秒钟。

在正式开始前，请先试着回答两个问题。这两个问题是练习题，这两个问题只是用来确定你的身份，并让你练习一下，不记分。

1 你叫什么名字？你是哪国人？

2 你的考生序号是多少？

6 今天你是怎么来考场的？

第三部分口头陈述

这一部分，一共有两个题目。每个题目都是一个问题或者对你提出的一个要求，每个问题或要求都会说两遍。听完问题或要求后，请你马上用 5 个以上的句子进行回答。请注意，请在听到提示音之后开始回答，在听到另一个提示音之后停止回答。每个题目的回答时间是 1 分钟。

1 请你介绍一下你的爱好。

图表索引

参考文献

Anastasi, A. & Urbina, S. Psychological testing (7th ed.). New York: MacMillam, 1996.

Bachman, L. F. and A. S. Palmer Language Testing in Practice. Shanghai: Shanghai Foreign Language Education Press, 1996.

Bachman, L. F. Functional Considerations in Language Testing. New York: Oxford University Press, 1990.

Canale, M. & M. Swain. Theoretical basis of communicative approaches to second language teaching and testing. Applied Linguistics, 1980 (1), pp. 1~47.

Cardy, R. L. , Bernardin , H. J. The effects of individual performance schemata and dimension familiarization on rating accuracy , Journal of Occupational and Organizational Psychology , 1987 , pp. 197 ~ 205.

Cardy, R. L. , & Bernardin, H. J. The effects of individual performance schemata and dimension familiarization on rating accuracy. Journal of Occupational and Organizational Psychology, 1987, 80, pp. 158~167.

Ellis. The Study of Second Language Acquisition [M] . Oxford: Oxford University Press, 1994.

Fiske , S. T. & Dyer , L. M. Structure and development of social schemata : Evidence from positive and negative transfer effects. Journal of Personality and social Psychology, 1985, 48, pp. 839 ~ 852.

Fulcher, G. Testing Second language Speaking, 2003.

Hymes, D. H. On communicative competence. In J. B. Pride &J. Holmes (eds.) . Sociolinguistics . Harmondsworth: Penguin, 1972: 269 ~293.

Lievens, F. Assessor Training Strategies and Their Effects on Accuracy, Interrater Reliability, and Discriminant Validity. Journal of Applied Psychology 2, 2001, pp. 255~264.

Lumley T. T F McNamara. Rater characteristics and rater bias: implications for training, 1995.

Oller, J. W1Language Tests at School. London: Longman, 1979.

Spence – Brown, R. The eye of the beholder: Authenticity in an embedded assessment task. Language Testing, vol 18, issue 4, Arnold Publishers, UK, 2001.

TSE 考试详解《留学生》2003 年第 6 期, 56~58。

北京语言大学汉语水平考试中心 (2009) 汉语水平考试 (HSK) (高等) 口试题, 2009 年 4 月 18 日。

伯　冰 (2006) 第二语言教学与评估标准综述及建立汉语相关标准的设想, 北京语言文化大学硕士学位论文。

柴省三 (2002) 关于 HSK (初中等) 平行信度的实证研究,《汉语学习》2002 年 4 月第 2 期。

柴省三 (2003) 汉语水平口试信度的理论与实证研究,《语言教学与研究》2003 年第 4 期: 69~77。

陈艾莎 (2009) Survey of OPI of ICAO English Test in CAAC,《中国校外教育》2009 年 12 月, 448~449。

陈　宏 (1997) 结构效度与汉语能力测验——概念和理论,《世界汉语教学》1997 年第 3 期 (总第 41 期)。

陈　菁 (2002) 从 Bachman 交际法语言测试理论模式看口译测试中的重要因素,《中国翻译》2002 年 1 月, 第 23 卷, 第 1 期: 51~53。

陈首洁 (2008) 从 BEC 看我国高职院校的英语口语测试,《读与写杂志》2008 年 6 月, 32~33。

陈田顺 (1995) 谈高等 HSK 的主观性考试,《世界汉语教学》1995 年第 3 期 (总第 33 期)。

陈　星 (2007) 论雅思口语考试与批评话语意识,《安徽文学》2007 年第 10 期。

戴曼纯　肖云南 (1999) 现代语言测试发展: 理论与问题,《湖南大学学报 (社会科学版)》1999, (3): 32~35。

邓秀均、丁安琪 (2003) 论对外汉语口语测试中的提问技巧,《云南师范大学学报》2003 年 5 月第 1 卷第 2 期。

樊雪君 (2008) 试论影响 OPI 效度和信度的因素,《新乡学院学报 (社会科学版)》2008 年 12 月, 133~134。

樊长荣（2004）《外语教学：研究与实践》，湖南：中南大学出版社，2004。

高校外语专业教学指导委员会俄语组（2010）《高等学校俄语专业四级考试》，上海：上海外语教育出版社。

高校外语专业教学指导委员会西班牙组（2010）《高等学校西班牙语专业四级考试》，上海：上海外语教育出版社。

桂诗春（1989）语言测试：新技术与新理论，《外语教学与研究》1989 年第 3 期。

郭 茜 邢 如 沈明波（2003）口试评分规范化与信度研究，《清华大学教育研究》2003 年 S1 期。

国家汉语推广领导小组办公室（2007）《国际汉语能力标准》，北京：外语教学与研究出版社。

韩宝成（2002）语言测试：理论、实践与发展，《外语教学与研究》2000 年 01 期。

韩宝成（2006）国外语言能力量表述评，《外语教学与研究》38（6）：443～450。

黄友义（2003）实行翻译资格考试制度 推动翻译职业化进程，《中国翻译》第 24 卷第六期，2003 年 11 月。

教育部考试中心（2006）《全国外语水平考试（WSK）俄语水平考试》，北京：高等教育出版社。

教育部考试中心（2006）《全国外语水平考试（WSK）西班牙语水平考试》，北京：高等教育出版社。

金 檀 王 琰 宋春阳 郭曙纶（2008）口语测试模糊评分方法设计及实验研究，《现代外语》，2008 年 02 期。

李传芳（2003）从话语运用和交际策略谈口语交际能力——BEC 交际口语测试浅析，《外语教学》，2003 年 1 月，第 24 卷，第 1 期：63～65。

李 慧（2000）汉语水平考试（初中级）阅读理解命题中的效度考虑，《汉语学习》2000 年 10 月第 5 期。

李清华（2001）外语测试：历史、现状与展望，《四川外语学院学报》2001 年 5 月，第 17 卷，第 3 期：99～103。

李庆本 许雪立（1999）中国汉语水平考试（高等）口试评分的误差控制，《世界汉语教学》1999 年第 3 期（总第 49 期）。

李群（2003）BEC2 测试介绍，《考试前言》2003 年 6 月，46～47。

李卫民（1985）美国语言测试理论综述，《外语界》1985 年第 3 期：7～12。

李筱菊（1997）《语言测试科学与艺术》，长沙：湖南教育出版社，1997。

刘 骏 傅 荣（2008）《欧洲语言共同参考框架：学习、教学、评估》，北京：外语教学与研究出版社。

刘镰力（1997）HSK（高等）口试探索，《世界汉语教学》1997（2）。

刘润清 韩宝成（1991）《语言测试和它的方法（修订版）》，北京：外语教育与研究出版社。

刘颂浩 钱旭菁 汪燕（2002）交际策略与口语测试，《世界汉语教学》2002（02）。

刘 颖 汪雪晴（2004）关于建立规范英语口语测试系统的思考，《南昌高专学报》2004年第4期。

罗青松（2006）美国《21世纪外语学习标准》评析，《世界汉语教学》2006.1：127～135。

吕 侠 刘英波（2007）论口语测试中性别偏颇性及其最小化，《语文学刊》2007年12期。

曲明文（1999）剑桥商务英语证书考试概述，《山东教育学院学报》1999年第3期，65～66。

任春艳（2004）HSK作文评分客观化探讨，《汉语学习》2004年12月第6期。

任 勤 雅思口语测试的效度、信度和实用性探析，《2010年人文社会科学专辑》第36卷。

市通用外语考试办公室（2006）《上海市通用外语（法语）水平等级考试（中级）考试大纲——上海紧缺人才培训工程教学系列丛书》，上海：上海外语教育出版社，2006。

谭美云（2009）BEC口语测试对商务英语口语教学的反拨作用，《长沙铁道学院学报（社会科学版）》2009年3月，242～243。

谭珍珍（2008）雅思口语测试评分标准探析，《中国校外教育》2008年8月，195～196。

陶丹玉（2006）爱尔兰之行见证交互英语口语测试（OTIE），《现代外语（季刊）》2006年5月，214～217。

王佶旻（2002）三类口语考试题型的评分研究，《世界汉语教学》2002，（4）：63～77。

王晓成（2008）剑桥商务英语口语测试形式初探，《消费导刊》2008年12月，179～180。

王振亚（2005）《以跨文化交往为目的的外语教学——系统功能语法与外语教

学》，北京：北京语言大学出版社。

温雪梅（2008）完善剑桥商务英语 BEC 口试系统的对策分析，《长沙铁道学院学报（社会科学版）》2008 年 12 月，167～168。

文秋芳（1999）《英语口语测试与教学》，上海：上海外语教育出版社。

文秋芳　赵学熙（1995）英语专业四级口试的可行性研究——总体设计与实施，《外语界》1995，（01）。

文秋芳　赵学熙（1998）全国英语四级录音口试评分的实践与研究，《解放军外国语学院学报》1998 年 02 期。

邬易平（2001）关于口语测试的探析，《湖南商学院学报》2001 年 05 期。

吴秀文（2005），英语口语测试体系的发展及对英语口语教学的启示，《广东轻工职业技术学院学报》2005 年 6 月，第 4 卷，第 2 期：32～34。

熊敦礼　陈玉红　刘泽华　黄更新（2002）大学英语大规模录音口语测试研究，《外语教学与研究》2002 年 04 期。

熊明丽（2004）论交际语言测试，《合肥工业大学学报（社会科学版）》2004 年 2月，第 18 卷，第 1 期：157～160。

徐海铭　谢忠明（2006）我国英语专业口语测试现状的理论分析，《南京师大学报（社会科学版）》2006 年 3 月，第 2 期：92～98。

阎艳琳（2009）口语测试研究综述，《山西煤炭管理干部学院学报》2009 年 4 月：58～59。

杨惠中（1999）大学英语口语考试设计原则，《外语界》，1999，（03）。

杨惠中（2000）导读，Alderson, J. Language Test Construction and Evaluation. 北京：外语教学与研究出版社，2000。

姚闻捷（2008）BEC 口语测试与测试成绩的关系研究，《教学研究》2008 年 11 月。

易千红　曾　路（2004）口语测试中的评分模板设置与应用，《现代外语》2004年 2 月，第 27 卷，第 1 期。

翟少成，新托福口语考试"原形毕露"，《新东方英语考试手册》64～69。

詹先君（2006）国外英语考试在中国，《留学服务》2006 年 5 月，21～24。

张东辉（2008）外语能力标准建设研究，华东师范大学硕士学位论文。

张和生（1996）OPI 和汉语口语水平的测试，《北京师范大学学报（社科版）》1996 年 6 月，96～100。

张和生（1997）试论第二语言学习中口语交际能力的培养，《北京师范大学学报》

1997，（6）。

张丽敏（2006）剑桥少儿英语考试及其发展，《河北自学考试》2006年第6期。

张明芳（2005）刍议交际性英语口语测试，《江西教育学院学报（综合)》2005年12月。

张文忠　郭晶晶（2002）模糊评分：外语口语测试评分新思路，《现代外语》2002，（01）。

中华人民共和国教育部　国家语言文字工作委员会（2010）《汉语口语水平等级标准及测试大纲》，北京：语文出版社。

邹红英（1997）大学英语测试新思路——论交际测试的介入，《福建外语》1997年第1期，总第51期：40~43。

邹　申（2001）试论口语测试的真实性，《外语界〈2001年第3期（总第83期)。

参考网站：

Center for Canadian Language Benchmarks. Canadian Language Benchmarks. http：//www. language. ca. 2011 – 12 – 21

David Ingram, Elaine Wylie. International Second Language Proficiency Ratings. http：//www. islpr. org/. 2011 – 12 – 21

Interagency Language Roundtable. ILR（FSI）Scales：http：//www. govtilr. org/. 2011 – 12 – 21

The American Council on the Teaching of Foreign Languages. ACTFL Proficiency Guidelines. http：//www. actfl. org. 2011 – 12 – 21

The Association of Language Testers in Europe . ALTE Framework, ALTE Can – do Statement：http：//www. alte. org/index. php. 2011 – 12 – 21

http：//www. hanban. org/

http：//www. hanban. org/tests/node_ 7484. htm

http：//www. hsk. org. cn/

http：//www. c – test. org. cn/

http：//www. sc – top. org. tw/

http：//club. qingdaonews. com/showAnnounce_ 86_ 3804357_ 1_ 0. htm

http：//news. etest. net. cn

http：//wenku. baidu. com/view/6e391f4ce518964bcf847cd9. html

http：//www. bft. cn/

http：//www. catti. net. cn/

http：//www. waimaoketang. com

http：//www. waiyulm. com/article/show. asp？id = 1057

http：//www. ets. org/toefl/

http：//www. ielts – test. com. tw/

http：//www. ieltstaiwan. org/main. asp？e = 1

http：//www. britishcouncil. org/hongkong – exams

http：//zh. wikipedia. org

http：//chinafudao. com/viewthread. php？tid = 734&extra = page = 2

http：//edu. sina. com. cn/focus/tse. html

http：//www. 800xyz. com